本书系广东省教育科研"十二五"规划重点课题成果

（课题批准号：2015ZQJK036）

课题主持人：黄建伟

课题组成员：李　鑫　朱锦伟　杨壮宇　张伟城

张玉石　丁之境　方　城　林晓红

蔡　骘　朱伯东　蔡光辉　罗可飞

新常态下珠三角地区
优质民办中学教育发展研究

XINCHANGTAI XIA ZHUSANJIAO DIQU
YOUZHI MINBAN ZHONGXUE JIAOYU FAZHAN YANJIU

黄建伟◎编著

暨南大学出版社
JINAN UNIVERSITY PRESS

中国·广州

图书在版编目（CIP）数据

新常态下珠三角地区优质民办中学教育发展研究/黄建伟编著 . —广州：暨南大学出版社，2019.8
ISBN 978 - 7 - 5668 - 2658 - 9

Ⅰ.①新…　Ⅱ.①黄…　Ⅲ.①珠江三角洲—民办中学—发展—研究
Ⅳ.①G639.285.65

中国版本图书馆 CIP 数据核字（2019）第 115191 号

新常态下珠三角地区优质民办中学教育发展研究
XINCHANGTAI XIA ZHUSANJIAO DIQU YOUZHI MINBAN ZHONGXUE JIAOYU
FAZHAN YANJIU
编著者：黄建伟

出　版　人：徐义雄
策划编辑：张仲玲　黄　斯
责任编辑：黄　斯
责任校对：姜琴月
责任印制：汤慧君　周一丹

出版发行：暨南大学出版社（510630）
电　　话：总编室（8620）85221601
　　　　　营销部（8620）85225284　85228291　85228292（邮购）
传　　真：（8620）85221583（办公室）　85223774（营销部）
网　　址：http://www.jnupress.com
排　　版：广州市天河星辰文化发展部照排中心
印　　刷：广州市穗彩印务有限公司
开　　本：787mm×1092mm　1/16
印　　张：7
字　　数：120 千
版　　次：2019 年 8 月第 1 版
印　　次：2019 年 8 月第 1 次
定　　价：28.00 元

（暨大版图书如有印装质量问题，请与出版社总编室联系调换）

序　言

改革开放以来，我国民办教育得到了迅速发展，办学规模不断扩大，在校生人数不断增多，在一定程度上弥补了公办学校不足的状况，促进了我国教育多元化的发展。1982 年《中华人民共和国宪法》正式认可个体经济和社会力量办学的合法地位，民办学校开始大量涌现。1985 年 5 月，《中共中央关于教育体制改革的决定》出台，从经济体制到科技、卫生、教育体制等各个领域，改革全面展开。1993 年《中国教育改革和发展纲要》提出，要"逐步建立以政府办学为主体、社会各界共同办学的体制"。社会各界参与高等教育办学首次被允许，社会力量几乎可以参与所有教育领域的办学。国家对社会团体和公民个人依法办学采取"积极鼓励、大力支持、正确引导、加强管理"的方针。1999 年《关于深化教育改革，全面推进素质教育的决定》强调，要"在发展民办教育方面迈出更大的步伐"。2002 年正式颁布我国第一部关于民办教育的法律《中华人民共和国民办教育促进法》，在民办教育举办者获取"合理回报"等问题上实现了突破，极大地促进了民办教育的发展。

从改革开放以来我国民办教育的发展历程可以看出，国家不断出台相应的政策促进民办教育的发展，尽可能地满足了人民对教育多元化的需求。民办教育经过近四十年的发展，取得了巨大成绩，为我国教育的发展作出了巨大的贡献，但是也出现了一些问题。

2014 年我国经济社会发展进入新常态，我国民办教育的发展也进入了新的发展阶段。广东实验中学黄建伟承担了广东省教育科研"十二五"规划重点课题《新常态下广东中学民办教育发展研究——以珠三角地区优质民办中学为例》。黄建伟作为广东实验中学副校长，参与了广东实验中学举办的三所民办学校（附属天河学校、顺德学校、南海学校）办学可行性的研究、论证、商谈、谈判、签约、筹建工作，并于 2010 年 1 月 23 日—2012 年 9 月 1 日任南海学校第一任常务副校长。他在南海学校工作期间，从学校建设到招生招聘、建章立制等，亲力亲为，关心青年教师成长，经常请教育专家到学校讲课，派青年教师外出学习和跟岗培训。特别是在南海学校设立了校长午餐会制度，他每周四、周五中午定时跟学生共进午餐，了解学生的实际需求，从而使学校形成一股团结向上的力量。南海学校第一年招生的初一新生吴某，在南海学校就读六年，于 2016 年高考被清华大学录取。黄建伟担任广东实验中学南海学校第一任常务副校长期间，南海学校被评为广东省"十佳民办学校"，被教育部基础二司授予全国"和谐校园"先进单位，被广东省综治办、广东省教育厅、广东省公安厅授予"广东省安全文明校园"称号，被佛山市评为优质学校和德育示范学校。

黄建伟副校长在负责南海学校工作期间，接触了不少民办学校校长、老师、学生、家长。同时他作为广东省人民政府督学，教育部中小学督导评估专家，参与全国不少民办学校的教育评估和督导工作，对民办教育有较多的体会、经验、思考、研究。另外，参与该课题的成员大部分具有民办学校的工作经验，部分成员现在依然在民办学校工作。

该书立足于新常态下广东中学民办教育的发展现状，以珠三角地区优质民办中学为例，系统地研究了新常态下广东中学民办教育的发展，对民办教育的办学特色、教师队伍建设、年级组建设、班级模式管理建设、学科组建设、档案管理、后勤管理建设、民办教育发展中存在的问题及发展策略等方面进行了深入系统的研究。同时对珠三角地区优质民办学校教师进行了问卷调查，对民办教育的发展提出了相应对策，为民办教育的进一步发展提出了很好的建议。

该书反映了新常态下我国中学民办教育发展的现状，为广东省中学民办学校的发展提供了经验借鉴，具有较强的实践意义和学术研究价值，对于今后中学民办学校的建设和发展具有很好的借鉴意义，对于研究中学民办教育发展具有较高的参考价值。

2017 年《中华人民共和国民办教育促进法》对促进我国民办教育发展的政策做了部分修改，为今后民办教育的发展指明了方向。该书对广东民办教育之前的发展做了系统的研究，对今后广东中学民办教育发展前景做了深入的分析。《中华人民共和国民办教育促进法》正式实施后，我国民办教育必将会进一步发展，希望作者能进一步关注我国中学民办教育的发展变化，为我国中学民办教育的发展作出自己的贡献。

刘莉莉[①]

2019 年 1 月 28 日

———————————

① 刘莉莉，博士，教育部中学校长培训中心副主任、教授。

目　录

第一章　民办教育发展概述

第一节　国外民办教育

一、国外民办教育的发展

在国外，民办教育一直是国民教育体系中的重要组成部分。通过表1-1、1-2、1-3可以看出，国外民办教育所占的比例一直很高，不仅在非义务教育阶段如此，在义务教育阶段也是如此。所以，发展民办教育是发达国家和发展中国家共同的战略举措。民办教育的发展不仅减轻了政府办教育的负担，而且促进了教育的竞争，增强了教育的活力。

表1-1　20世纪70年代末80年代初部分国家私立学校所占百分比

发达国家	私立小学（％）	私立中学（％）	发展中国家	私立小学（％）	私立中学（％）
澳大利亚	20	26	肯尼亚	1	49
比利时	51	62	莱索托	100	89
丹麦	7	6	苏丹	2	13
英国	22	16	喀麦隆	43	57
法国	15	21	乍得	10	6
联邦德国	2	9	利比里亚	35	43
意大利	8	7	尼日尔	5	14
日本	1	15	尼日利亚	26	41

（续上表）

发达国家	私立小学（%）	私立中学（%）	发展中国家	私立小学（%）	私立中学（%）
荷兰	69	72	巴西	13	25
新西兰	10	12	智利	18	23
瑞典	1	2	哥伦比亚	15	38
美国	10	9	哥斯达黎加	4	6
			厄瓜多尔	17	30
			萨尔瓦多	6	47
			危地马拉	14	43
			海地	42	70
			多哥	29	16
			布基纳法索	7	43
			阿尔及利亚	1	1
			泰国	11	32
			伊朗	8	17
			约旦	30	7
			摩洛哥	5	8
			沙特阿拉伯	3	2
			叙利亚	5	6
			阿根廷	17	45
			玻利维亚	9	24
			洪都拉斯	5	51
			牙买加	5	76
			墨西哥	6	25
			巴拿马	5	14

（续上表）

发达国家	私立小学（%）	私立中学（%）	发展中国家	私立小学（%）	私立中学（%）
			巴拉圭	13	37
			秘鲁	13	37
			委内瑞拉	13	37
			印度	25	52
			印度尼西亚	13	60
			菲律宾	5	38
			新加坡	35	1
中位值	10	13.5	中位值	12	34.5
平均值	18	21.4	平均值	16.2	32.2

表1-2 20世纪80年代末部分国家私立学校学生所占百分比

发达国家	私立小学（%）	私立中学（%）	发展中国家	私立小学（%）	私立中学（%）
澳大利亚	10	26	印度	25	49
英国	5	8	印度尼西亚	15	34
法国	15	21	新加坡	35	28
联邦德国	2	9	肯尼亚	1	60
爱尔兰	98	91	尼日利亚	31	45
意大利	8	7	阿根廷	17	30
新西兰	10	12	巴西	12	40
瑞典	1	2	智利	17	20
美国	18	10	哥伦比亚	15	47
日本	15	28	墨西哥	5	26

表 1 - 3　20 世纪 90 年代部分发展中国家私立学校入学人数占全国入学人数比例

国家	全国毛入学率（%）			私立中学占全国中学入学率（%）	私立大学占全国大学入学率（%）
	小学	中学	大学		
阿根廷	107	73	32	30	17
巴西	99	34	12	19	58
哥伦比亚	119	63	10	40	60
科特迪瓦	69	25		57	
印度	102			42	59
印度尼西亚	114	43	10	54	94
秘鲁	95	53	19	7	30
罗马尼亚	86	82	12	0	
俄罗斯	107	88	45	<1	
南非	110	78	13	2	
泰国	97	37	19	10	18
土耳其	103	61	16	3	

资料来源：Higher Education：the Lesson of Experience（World Bank. 1994）.

很多国家对民办教育的认识是比较深的，大都将其纳入国民教育体系的重要组成部分，采取各种有效的手段和政策，创造有利条件，促进民办教育的发展。

在美国，近年来有三种做法引起世界关注。一是推行教育券政策。教育券（education voucher）是指政府将补贴学费以教育券的形式发给家长，家长可以用教育券为子女支付学费，教育券的数额一般为当地当年生均教育费数。这一政策为私立学校提供了经费资助。对于许多优质私立学校来说，其学费可能高于教育券上的数额，超出部分由家长支付，但这保证了私立学校学生与公立学校学生享受同等政府资助待遇，学校享受政府的公平对待。二是鼓励和支持公立学校民营、私人或私营公司承包经营公办学校，运用企业的管理机制和方法来经营教育，促进学校质量的提高。据调查统计，1999 年，在私营公司管理的学校就读的学生达到 96 800 人，其中比较著名的私营公司是诺贝尔教育集团，它在全美拥有 171 所学校，包括私立学校、特许学校等，其中私立学校就达 150 所，取得了教育效益和经济效益双赢。三是推行特许学校。特许学校是指具有共同教育主张的人（比如对当地公办学校不满的教师或家长）共同拟定一份章程，根据州及地方法令获得批准后，便可按照该章程建立一所共同经办的学校，自己招生，自己管理学校。特许学校是介于公立学校与私立学校之间的一种特殊类型，其经费大部分来自政府资助，一部分来自学费或捐助。其经办方式具有民营性，享有完全的自主权。这种学校一产生便受到家长欢迎，因为它是真正按照学校的需求，在一定教育理念指导下开办的学校，教育质量和水平较高。目前在美国，这种学校已经由最初的几所发展为上百所，影响很大。

在英国，私立学校有着良好的传统和声誉。正因为这样，英国政府对私立学校一直采取支持的态度。近年，英国实施了"教育行动区"（education action zone）的计划。该计划的内容是请有志于办教育的家长、私营企业人士和有关团体组成一个组织，接管学业成绩薄弱的学校，以提高其教育质量。每个教育行动区通常不超过 20 所薄弱学校。这实质上是将公办学校民营化。该计划从 1998 年开始启动，目前发展有 66 个"教育行动区"，涉及 1 000 多所薄弱学校。这项计划不仅改变了公办薄弱学校的面貌，而且激励了民办学校的发展。

在法国，私立学校绝大部分能得到政府的资助。就初等教育来说，在 5.9 万个教育机构中，有十分之一是私立学校。1996 年，法国政府支付私立小学教师工资达 500 亿法郎，占全法国教师工资总额的 12.3%。

在澳大利亚，私立中小学的比重达到 30% 左右，这主要得益于政府的资助。1997 年，澳大利亚政府又实行了一种按"教育资源指数"（education resources index）给予资助的新政策，即根据私立学校教育资源的实际状况，分别给学校打分，按分数分成 12 个等级，联邦政府将以不同等级标准分别给予不同的财政支持，具体情况见表 1 - 4。

表 1-4 1997 年澳大利亚联邦政府对私立中小学生均经费补助方案

教育资源指数	学校类别	生均补助额（澳元）	
		小学	中学
88 以上	1	466	740
76~87	2	622	981
51~75	3	778	1 137
46~50	4	947	1 492
41~45	5	1 128	1 642
36~40	6	1 247	1 819
31~35	7	1 369	1 998
26~30	8	1 505	2 203
21~25	9	1 663	2 435
16~20	10	1 788	2 611
11~15	11	1 922	2 806
0~10	12	2 064	3 015

　　在日本，政府一直重视扶植私立学校的发展。1952 年，日本成立"私立学校振兴会"，出资 20 多亿日元，帮助 90% 的私立学校重建校园。1970 年，日本将私立学校振兴会改组为"私立学校振兴财团"，作为文部省的附属机构，负责对私立学校的资助。20 世纪 80 年代以后，日本提出借助民间力量去发展原本属于国家责任的义务教育，促进私立中小学的发展，并实行公私渗透、公私合作、民办公助等政策，改变过去公立、私立学校截然分开的做法。国家或无偿提供建校用地，或提供创办经费，或捐助资金，或提供无息贷款，由地方政府和私人机构联合举办新型高等教育机构。如福岛县石木市政府无偿提供建校用地，并提供创办经费 911 亿日元，捐资 30 亿日元，与明星学苑联合创办石木明星大学，这是一个典型的例子。20 世纪 90 年代以来，日本的私立学校在政府支持下又有新的发展。据统计，私立学校在校生比例，在大学和短期大学占 80%，在高中占 30%，在幼儿园占 80%。私立学校为日本国民教育的普及与提高作出了巨大贡献。

二、国外民办教育的做法

国外在认识层面和监督评估层面对民办教育的一些做法值得借鉴：

（一）认识层面

（1）对民办教育地位的认识。

世界各国都有把民办教育纳入国家教育体系中的做法，在制定教育改革的政策和措施时都将民办教育包含进去，民办教育已成为构成各国教育制度的重要组成部分。但是在认识层面上，各国的差异较大。对于法国来说，实质上是以公立学校为正宗，民办学校（私立学校）向公立学校看齐；美国对公办学校和民办学校是持一视同仁的态度；英国则是公立学校和民办学校独立发展，但是对于民办学校有所偏好。

（2）对民办教育作用的认识。

法国更多的是从国家发展前途的角度来看待民办教育的作用。他们认为国家要动员一切社会力量来创造国家的未来，民办教育属于社会力量的一种。而民办教育是英国传统文化和教育的一个象征，因此民办教育对于英国这个国家来说意义不一般，同时民办教育对于英国来说，也发挥着经济作用。

（二）监督评估层面

法国规定：为了保证教育质量，也为了使教师的教学方法接近，国家应把检查范围扩大到所有接受国家帮助的私立学校。对于那些没有通过合同与国家联系的私立学校，国家的检查只限于校长及教师的资格、学校的义务、公共秩序、遵守社会公德的情况、卫生及社会预防措施；而对与国家签订合同的私立学校，其受合同规定的约束，教学应该接受国家的检查。

日本的私立学校组织各种协会和团体，这些团队组织私立学校之间开展交流、研讨、评估活动，并接受政府委托的部分事务性管理工作。作为民间机构，他们在政府和学校之间起着重要的中介作用。

第二节　我国民办教育

一、中华人民共和国成立前民办教育的发展

中国近代教育史中出现的私立（民办）学校主要有两类：第一类私立学校是在民间私人设立的书院、私塾等基础上，逐渐引入新式教学方式和教学内容发展起来的。兴办私立学校的资金主要来自富商、士绅、官僚、留学生、企业家、社会团体及海外捐助等。私立学校的数量甚至一度超过了公立学校。广东人卢颂虔（1891—1983）从1913年起先后创办了培德学校、广肇公学、粤东中学等。上海复旦大学校友李泰初等人于1929年创办广州私立复旦中学，校址初设广州市惠福西仙邻巷，后迁至纸行街；1932年，增设女子部于西关；1933年，迁入梅花村，新建校舍，增设高中普通科和师范科，并附设小学，学生有八百多人。全国各地也有大量的民办中学，如北京的志诚中学、孔德中学，上海的省吾中学，重庆的临江学校等。大学方面有天津的南开大学、上海的复旦大学等，都是私立学校大发展时期升级或创办的国内外知名大学。

第二类是外国传教士创办的各类教会学校。教会学校经费来源为宗教、团体和个人，它以宗教教育为主要目的，同时教授西方的自然科学和人文科学课程。教会学校一百年左右的办学，打破了中国固有的封闭式的教育体制的藩篱，引入了西方先进的教学方法、教学理念、教学内容，虽然不乏负面影响，但也为中国培养了为数不少的新型人才，他们很多人成为此后中国政治改革和教育改革的中坚。广州的执信中学、广雅中学、协和中学、培正中学、真光中学、培英中学，北京的崇实中学、贝满女中、慕贞女中，重庆的求精中学等，大学方面有南京的金陵女子大学、北京的协和医科大学等，都是很具影响力和实力的院校。

中华人民共和国成立前，受到帝国主义、封建势力的种种干扰，再加上中国战事不断，刚兴起的民办教育举步维艰，屡受挫折。尤其是抗日战争时期和解放战争时期，师资困乏，经费短缺，民办教育的发展困难重重。

二、中华人民共和国成立初期的民办教育

中华人民共和国成立后，在社会主义改造前，民办学校依然存在，但受社会性质的限制，没有得到大规模的发展。社会主义改造完成后，民办学校失去了继续办学的社会基础，退出了历史舞台。

三、改革开放后的民办教育

改革开放后，迎来了教育发展新机遇。改革开放之初，公有制一统天下，极少有私人办学。1978年十一届三中全会以后，经济建设成为党和国家的中心工作，各级政府成为经济发展型政府，公共卫生、基本医疗、教育等公共服务领域财政投入严重不足，客观上为民间资本和社会力量进入这些领域创造了条件。自1979年农村推广家庭联产承包责任制开始，个体经营首先从经济领域获得突破，很快在医药、卫生、教育等领域也开始生根发芽。1982年《中华人民共和国宪法》（以下简称《宪法》）正式认可个体经济和社会力量办学的合法地位，民办学校开始大量涌现。国家对非公有制经济的定位直接影响卫生医疗、教育等领域民间社会资本活动的范围、规模和地位。1985年5月，《中共中央关于教育体制改革的决定》出台，改革从经济体制到科技、卫生、教育体制等各个领域全面展开。教育体制改革相对温和迟缓，趋于保守，甚至被称作计划经济的最后堡垒，但是教育体制改革一样存在照搬经济体制改革的现象，对教育事业发展自身特性和规律认识不足。1992年以前，政府对于民办教育发展的鼓励和支持态度不够坚决。社会力量和个（私）人办学的提法在政府文件中交替出现，反映出政府对鼓励和支持私人办学的犹疑矛盾心态。1992年邓小平南方讲话是教育体制改革的分水岭。1993年《中华人民共和国宪法修正案》明确提出建设"社会主义市场经济"。市场经济的主导地位被认可，教育体制改革也加快了步伐，发展民办教育畏首畏尾、缩手缩脚、谨小慎微的局面逐步得到改善。

1993年《中国教育改革和发展纲要》提出，要"逐步建立以政府办学为主体、社会各界共同办学的体制"。社会各界参与高等教育办学首次被允许，社会力量几乎可以参与所有教育领域的办学。《中国教育改革和发展纲要》规定，国家对社会团体和公民个人依法办学采取"积极鼓励、大力支持、正确

引导、加强管理"的方针，这十六字方针被后来的 1997 年《社会力量办学条例》、1998 年《面向 21 世纪教育振兴行动计划》、2002 年《中华人民共和国民办教育促进法》（以下简称《民办教育促进法》）继承。1994 年《关于民办学校向社会筹集资金问题的通知》规定，学校不得以营利为目的，也不得通过办学为企业或其他部门集资或变相集资，民办学校依法收取的教育费用和筹集的资金应当全部用于学校的建设和发展，这是非营利性原则首次在国家正式文件中出现。

1998 年《面向 21 世纪教育振兴行动计划》提出，形成公办学校和民办学校共同发展的办学体制，鼓励民办学校滚动发展，保证民办学校自主办学的法人地位等。针对日益壮大的民间资本投资办学，《面向 21 世纪教育振兴行动计划》重提社会力量办学不以营利为目的，但同样没有给出有针对性的规范措施。1999 年《关于深化教育改革，全面推进素质教育的决定》强调，要"在发展民办教育方面迈出更大的步伐"，但不搞"一校两制"；"要因地制宜地制定优惠政策（如土地优惠使用、免征配套费等），支持社会力量办学"。明确提出，"经国家教育行政主管部门审批，可以举办民办普通高校"。至此，国家垄断的高等学历教育正式向民间资本开放，民办普通高校、独立学院迅速发展起来。

2002 年我国第一部关于民办教育的法律《中华人民共和国民办教育促进法》（以下简称《民办教育促进法》）正式颁布。《民办教育促进法》继承了 1997 年《社会力量办学条例》的基本精神，在民办教育举办者获取"合理回报"等问题上实现了突破。《民办教育促进法》及《中华人民共和国民办教育促进法实施条例》（以下简称《民办教育促进法实施条例》）以是否要求获得合理回报为标准把民办学校分为两类，并对要求获得合理回报的民办学校如何管理作出具体规定。实际上，《民办教育促进法》及《民办教育促进法实施条例》并没有从产权界定、会计制度、税收优惠、学校内部治理结构等方面对二者进行实质性分类，严格地说二者还是被视为一类。但《民办教育促进法》及《民办教育促进法实施条例》为我国民办教育快速发展（见表 1 - 5、1 - 6、1 - 7、1 - 8）提供了法律依据。

表1-5　2003—2015年全国民办小学发展走势

年份	在校学生人数（万人）	全国民办小学学校数（所）
2003	274.93	5 676
2004	328.32	6 047
2005	388.94	6 242
2006	412.09	6 161
2007	448.79	5 789
2008	480.40	5 760
2009	502.88	5 496
2010	537.63	5 351
2011	567.83	5 186
2012	597.85	5 213
2013	628.60	5 407
2014	674.14	5 681
2015	713.82	5 859

资料来源：教育部。

表1-6　2003—2015年全国民办初中发展走势

年份	在校学生人数（万人）	全国民办初中学校数（所）
2003	256.57	3 651
2004	317.17	4 243
2005	372.42	4 608
2006	394.06	4 550
2007	412.78	4 488
2008	428.58	4 415
2009	434.00	4 335

（续上表）

年份	在校学生人数（万人）	全国民办初中学校数（所）
2010	442.11	4 259
2011	442.56	4 282
2012	451.41	4 333
2013	462.30	4 535
2014	487.00	4 743
2015	502.93	4 876

资料来源：教育部。

表1-7 2003—2015年全国民办高中发展走势

年份	在校学生人数（万人）	全国民办高中学校数（所）
2003	141.37	2 679
2004	184.73	2 953
2005	226.78	3 175
2006	247.72	3 246
2007	245.96	3 101
2008	240.30	2 913
2009	230.13	2 670
2010	230.07	2 499
2011	234.98	2 394
2012	234.96	2 371
2013	231.60	2 375
2014	238.65	2 442
2015	256.96	2 585

资料来源：教育部。

表 1-8　2016 年民办教育发展统计情况

类别	学校数量（万所）	学校数量新增（万所）	招生（万人）	招生增加（万人）	在学人数（万人）	在学增加（万人）
民办幼儿园	15.42	0.782 7	965.08	-33.11	2 437.66	135.22
民办普通小学	0.597 5	0.011 6	127.76	3.4	756.33	42.51
民办普通初中	0.508 5	0.020 9	188.74	18.01	532.82	29.89
民办普通高中	0.278 7	0.020 2	102.89	8.39	279.08	22.12
民办中等职业学校	0.211 5	-0.011	73.64	2.71	184.14	0.779 9
民办高校	0.074 2	0.000 8	181.88	-2.16	634.06	23.15

资料来源：教育部。

　　以 2016 年我国民办教育发展情况为例，从学前民办教育看，2016 年民办幼儿园数量、入园人数、在园人数呈现增加的趋势，且从园数、人数上看，民办幼儿园都是第一位。随着全面放开二孩政策和分类管理的实施，可以预见新生儿将不断增多，入园的适龄儿童也将增多。因此普惠性民办幼儿园仍有不小的发展空间，应继续发挥收费较低的优势，同时政府应进一步给予政策支持；面向高端需求、收费较高的品牌幼儿园应保持自己的特色，抓住机遇，赢得发展。

　　从义务教育阶段看，民办小学、初中的数量和入学、在学人数都有所增加。随着国家统一城乡义务教育生均公用经费基准定额，民办中、小学可以按照不低于基准定额的标准获得补助公用经费。在逐步提高民办学校地位的同时，部分具有办学特色、提供多样化教育服务的优质学校，将受到学生和家长的推崇。

　　从高中民办教育看，民办教育市场占有量并不高，究其原因是民办高中的认可度不够高，办学条件较差，政策支持力度弱。因此，未来民办高中的出路应该是发展特色化、优质化，建立知名品牌集团，与国际接轨。

　　从民办职业教育看，民办职业学校凸显颓势，究其原因是生源短缺、社会认可度不高、教学质量低下。未来民办职业学校应提高自己的办学质量，培养专业化人才。

从民办高等教育看，全国高等教育适龄人口减少，而高考录取率稳步上升，导致民办高校同样面临生源危机。生源危机的根源在于教学质量不高，因此，以解决办学经费短缺问题来提高教学质量是关键。

第三节　当前我国民办教育发展形势

一、我国民办教育发展现状

2016 年全国民办普通初中 5 085 所，招生人数 188.74 万人，在校生 532.82 万人；民办普通高中 2 787 所，招生人数 102.89 万人，在校生 279.08 万人。截至 2017 年的统计数据，民办教育总规模持续扩大，全国各级各类民办学校总数达 17.76 万所，比上年增加 0.59 万所，占全国学校数的 17.5%；在校生数达 5 120.60 万，比上年增加 296.51 万，占全国在校生数的 19%。其中民办普通初中 5 277 所，在校生 577.7 万人，占在校生总数的 13%。民办普通高中 3 002 所，在校生 306.26 万人，占在校生总数的 12.9%。（见表 1-9，图 1-1）

表 1-9　2013—2016 年全国民办普通中小学数量

年份	全国各级各类民办学校（万所）	招生（万人）	在校生（万人）
2017	17.76	1 820.16	5 120.60
2016	17.17	1 721.69	4 824.09
2015	16.27	1 636.68	4 570.42
2014	15.52	1 563.84	4 301.91
2013	14.90	1 494.52	4 078.31

（单位：所）

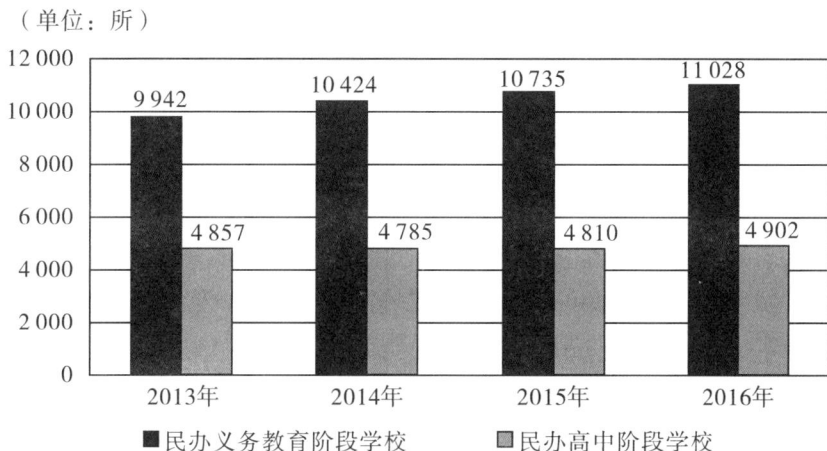

资料来源：2016 年中国普通民办中小学教育发展报告。

图 1－1　2013—2016 年全国民办普通中小学数量

2015 年中国东部、中部、西部地区的义务教育、高中教育阶段在校生的学生人数，如图 1－2 所示。

（单位：人）

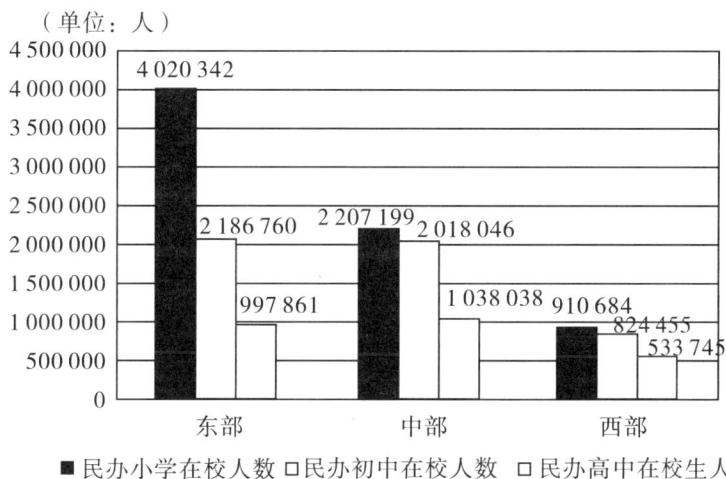

资料来源：2016 年中国普通民办中小学教育发展报告。

图 1－2　2015 年中国东、中、西部地区的义务教育、普通高中阶段民办学校在校学生人数

从图 1-2 可以发现，中国东部地区民办小学、初中在校生人数最多，中部地区民办高中在校生人数最多，而西部地区无论义务教育阶段还是高中阶段，在校生人数都相对较少。可以看出，中国东部普通民办中小学教育发展最强，西部最弱。民办中小学属于差异化教育服务，其发达程度与本地经济社会发展水平直接相关。

二、广东省民办教育的发展

21 世纪初，广东部分学校为了创建国家级示范性高中，纷纷撤并初中，一定程度上造成了优质初中学位的欠缺，当时恰逢《民办教育促进法》出台，政策鼓励社会力量进行办学，因此重点高中办民校开始形成风气，民办教育开始快速兴起。

1. 规模

广东省的民办教育规模比较大。2011 年底，广东省各类民办学校已达 1 156 所，拥有 491.83 万名在校生，占全省在校生总数的 25.67%。目前，广东学校数量及在校生的规模位居全国第一。同时，民办高等教育又有了新的突破。广东省民办教育主要吸引户口不在本地的外来务工子女生源。据有关部门统计，2007 年，广东省内民办教育解决了 340 万外来务工子女的教育问题。

截至 2017 年底，广东省各级各类民办学校（含幼儿园，不含培训机构）有 15 192 所，占学校总数的 45.15%。在校生 692.84 万人，占在校生总数的 31.2%。其中，民办幼儿园 13 138 所，在园幼儿 299.72 万人，占在园幼儿总数的 67.9%；民办小学 699 所，在校生 211.19 万人，占小学在校生总数的 22.42%；民办普通初中 994 所，在校生 78.78 万人，占普通初中在校生总数的 22.12%；民办普通高中 191 所，在校生 21.56 万人，占普通高中在校生总数的 11.39%；民办中职学校 116 所，在校生 16.14 万人，占中职在校生总数的 16.24%；民办高校 54 所（含 16 所独立学院、4 所中外合作办学高校），在校生 65.45 万人，占高校在校生总数的 33.99%。

2. 发展趋势

广东省的民办教育呈现规模化、集团化、品牌化和多元化的发展趋势。珠三角地区经济较为发达，群众重视教育，民办教育也较为发达，因此这种趋势在珠三角地区更为明显。比如，华南师范大学附属中学旗下有番禺学校、新世界学校、汕尾学校、南海实验中学等几所民办学校，集团化和品牌化十分明显。同时这几个学校也呈现规模化，其中番禺学校于2001年创办，全校共有学生2 000人，教职工近240人；新世界学校，创办于2002年，现有在校生约1 600人，教职工150人。广东实验中学旗下也有附属天河学校、顺德学校、南海学校三所学校，办学成果突出，特别是附属天河学校更是一"位"（学位）难求。

3. 师资建设

据2004年统计，广东省各级各类民办教育学校共有专任教师11.9万人，其中幼儿园专任教师5.12万人（占全省幼儿园专任教师总数的59.7%），小学、普通中学、中等职业学校、专修学校、高校及其他非学历教育机构专任教师分别为3.67万人、1.64万人、2 877人、2 250人、2 400人、7 200人。

2006年，广东省各级各类民办教育共有专任教师17.89万人，其中民办幼儿园专任教师6.52万人（占幼儿园专任教师总数的66.24%），民办小学专任教师6.86万人（占小学专任教师总数的16.82%），民办普通初中、普通高中专任教师2.52万人（占普通中学专任教师总数的7.76%），民办普通中等职业学校专任教师4 586人（占中职学校教师总数的13.03%），民办普通高校专任教师1.08万人（占普通高校教师总数的17.73%），独立学院专任教师4 517人（占普通高校专任教师总数的7.4%）。民办学校比重不断提高，社会力量加大投入，共同发展教育事业的积极性日益提升，民办教育呈现蓬勃发展的势头。这对师资建设提出了新的要求。

而根据广州市教育局政策与发展规划处的统计数据，2016年广州市共有民办学校（包括初中和高中）204所，招生人数42 047，在校生人数119 017，教职工人数13 558；小学155所，招生人数59 792，在校生人数321 724，教职工人数18 325；幼儿园1 171所，招生人数174 280，在校生人数307 728，教职工人数44 339。

2017年广州市共有民办学校（包括初中和高中）210所，招生人数43 334，在校生人数119 815，教职工人数14 353；小学154所，招生人数62 829，在校生人数326 355，教职工人数18 936；幼儿园1 245所，招生人数179 411，在校生人数324 754，教职工人数47 363。

从这些数据可以看出，广东省中学民办教育需要的教师人数越来越多，特别是对高水平教师（高学历、高职称）需求量更大。

三、国内其他省市民办教育的情况

1. 大多数省份民办学前教育发达

在学前教育中，民办教育占了较大比例。由于学位有限等问题，同时随着民办教育的发展，大多数省份民办教育的幼儿园数及在园幼儿数占当地学前教育的比例超过50%，并呈现增长趋势。2011年，海南、江西、湖南、浙江、广东、陕西、辽宁、河南、福建、黑龙江、四川、重庆、湖北13个省份民办幼儿园在园幼儿总数的比例超过50%，可见，大多数民办幼儿园已在学前教育中发挥重要作用。

2. 西部地区民办中小学规模相对较小

2006年到2009年，黑龙江、宁夏、西藏、青海等地的学校数量减幅较大。不仅学校数量有所减少，同时，学生数量也有不同程度的减少，特别是西藏地区，减少的最多。

民办中小学的规模也存在较大的区域差异。2011年，我国西部地区拥有民办小学、初中、普通高中在校生分别是90.4万、74.1万、42万余人，远远低于我国东部和中部地区。同时，西部地区民办小学、初中、普通高中在校生占同级教育在校生的比例分别为3.03%、4.67%、5.97%，也均低于东部和中部地区。在各省（直辖市、自治区），上海市民办义务教育规模占同级教育总规模的比重最高，而云南、新疆、甘肃、青海、西藏等西部地区所占比重较低。

据2017年统计数据，民办教育总规模持续增长，全国各级各类民办学校总数达17.76万所，比上年增加0.66万所，占全国学校总数的17.5%；在校生数达5 120.5万人，比上年增加295万，占全国在校生总数的19%。其中全国民办初中5 277所，在校生577.7万人，占在校生总数的13%。民办中小学总体比例相对较小，但不少学校已成为许多地方优质义务教育学位的代名词，有效缓解了这一学段的"择校热"问题。

全国民办普通高中3 002所，在校生306.26万人，占在校生总数的12.9%。全国民办中等职业学校2 069所，在校生197.59万人，占在校生总数的 12.53%。相对来说，民办高中阶段教育比重相对不高，主要提供选择性教育服务。

据 2017 年统计数据，全国民办普通高等学校达 746 所，在校生达 628.58 万人，占全国普通本专科在校生的 22.83%。其中，普通民办本科学校 426 所（包括独立设置的民办本科 161 所，独立学院 265 所），在校生 401.68 万人，占全国本科在校生总数的 24.36%；普通民办专科学校 320 所，在校生 226.77 万人，占全国专科在校生总数的 20.52%。民办高校体量不小，主要提供需求满足型教育。

3. 民办高等教育在各省份间发展不均衡

从学校数量来看，民办高等学校在各省份间数量差异较大，东部发达地区多于西部地区。2009 年，民办高等学校数量最多的江苏、广东、湖北等省，其数量分别达到 49 所、45 所、42 所，而甘肃、宁夏、青海等地最少，其数量分别为 6 所、4 所、1 所。

4. 多数省份民办中等职业教育规模增长速度趋缓

2006—2010 年，我国多数省份民办中等职业教育的学校数与在校生数均有所增长，但增幅逐渐降低，部分省份已从 2009 年开始呈减少趋势。我国不同区域和不同省份之间的民办中职教育办学规模均存在一定差异。2011 年，我国东部地区中职在校生中民办学校学生比例仅为 11.79%，明显低于中部和西部地区。在全国各省（直辖市、自治区）中，四川省民办中职学校在校生占同级教育在校生的比例最高，达到 31.21%，而仍有 11 个省份比例不足 10%，主要分布在北京、天津、上海、江苏等东部经济较发达地区与甘肃、宁夏、新疆、青海、西藏等西部经济欠发达地区。在专任教师配备方面，多数省份民办中职学校中专任教师占教职工的比例未达到全国水平，且生师比有待改善。2009 年，在全国各省（直辖市、自治区），除天津、浙江、宁夏、河南、甘肃、江西、江苏、重庆、广东、山东、四川、安徽、上海、山西等 14 个省（直辖市、自治区）外，其余各（直辖市、自治区）民办中职学校的专任教师占教职工的比例均未达到全国水平（62.65%）。多数省校均专任教师数不足，除天津外，其余各省（直辖市、自治区）民办中职学校的校均专任教师数均未达到国家颁布的《中等职业学校设置标准》中要求的 60 人，同时民办中职学校的生师比也普遍偏高，专任教师数亟待补充。

5. 各省（直辖市、自治区）民办教育规划纲要既有相同内容，又体现不同发展思路

随着《国家中长期教育改革和发展规划纲要（2010—2020 年)》的出台，各省（直辖市、自治区）也相继出台了本地区的教育规划纲要。比较分析各省（直辖市、自治区）教育规划纲要对民办教育发展的论述及其相关政策，可以发现如下趋势和特征：

第一，各省（直辖市、自治区）教育规划纲要都涉及民办教育的内容，但从内容的论述、文本编排和关注重点来看，各有侧重。这体现在以下几个方面：①一半以上的省份提出了民办教育发展的格局问题；②各省（直辖市、自治区）均体现出重视民办学前教育发展的态势；③制定政策促进民办教育发展是各省（直辖市、自治区）教育规划纲要的显著特征；④注重加强党组织领导是大部分省份采取的重要举措；⑤推行民办教育改革试点和建设重大工程也是很多省份采取的促进民办教育发展的重要方式。

从各省（直辖市、自治区）教育规划纲要的文本编排上来看，民办教育内容的编排形式多样，并不完全一致。绝大多数省（直辖市、自治区）没有将民办教育列为一级标题，仅有江西、陕西两省将其列为一级标题，并专章论述；河南、湖北、天津三省市将民办教育列为二级标题；近一半的省份将民办教育列为三级标题。此外，还有 11 个省（直辖市、自治区）没有把民办教育列为标题，而是作为标题下面的某部分内容来论述。

对各级各类民办教育，各省（直辖市、自治区）教育规划纲要均有涉及，然而，侧重点又有所不同，这体现在以下几个方面：①所有省份都论及了民办学前教育；②单独论及民办义务教育的相对较少；③论及民办高等教育的省份比较多，有 25 个省份；④论及民办中职教育的有 13 个省份；⑤论及民办培训机构的也比较少，仅有 11 个省份。

第二，各省（直辖市、自治区）教育规划纲要都包含民办教育发展的政策，但从对民办教育的发展重点安排来看，也呈现区域差异。从民办教育发展的政策目标来看，大部分省份对民办教育发展的目标趋于一致。其中，青海、内蒙古、四川、天津四省区着重强调民办教育发展的品牌目标；江苏、宁夏、内蒙古三省区提出民办学校加强内涵建设目标；江西、贵州两省提出了民办教育发展的定量目标。

对民办教育的立法政策，各省（直辖市、自治区）的论述参差不齐，工作开展的程度也不尽相同。贵州、海南、河南、湖南、吉林、江西、内蒙古、陕西、新疆、云南、重庆等 11 个省（直辖市、自治区）明确提出制定或修订地方性民办教育的促进条例或实施办法；安徽、北京、福建、河北、湖北、江苏、上海、浙江等 8 个省（直辖市）提到了开展民办教育的立法工作及其法规修订工作；11 个省（直辖市、自治区）没有明确提及民办教育发展的立法政策，其中山西、辽宁、黑龙江、山东、广东、四川等 6 个省份在其教育规划纲要出台前，曾经制定过有关民办教育发展的实施意见或条例。

从对民办教育的管理和支持来看，各省（直辖市、自治区）扩展了支持的范围和领域，凸显制度化管理，这主要表现在以下几个方面：①提出设置专门机构统筹民办教育发展，如青海、云南、四川、贵州四省；②提出民办学校的信用登记、学费监管、过程监督；③在监督方面，提出内部自律与外部监督双管齐下；④在规范办学方面，提出健全民办学校办学质量监控体系和年检制度；⑤在民办教育财务管理方面，提出探索适合民办教育特点的新方法；⑥在民办学校危机预警与干预机制方面，提出推行民办学校办学风险保证金制度；⑦制度政策，扩展到学校党建、审批、教代会等方面。

四、我国民办教育与其他国家的差异

1. 我国各类民办教育在校生数占比重几乎都低于经合组织国家平均水平

除民办学前教育外，我国其他各级各类民办教育在校生数占比重在总体上均低于经合组织（OECD）国家平均水平。

我国民办学前教育在校生数所占比例高于 OECD 国家平均水平，从 2006 年的 31% 上升为 2009 年的 40%，2010 年，与 OECD 国家平均水平持平，为 43%；我国民办小学在校生数所占比重从 2006 年的 3.6% 上升为 2009 年的 5%，稳中有升，低于 OECD 国家平均水平，与"金砖五国"平均水平相当。2006—2010 年，我国民办初中在校生数占初中在校生总数的比例呈上升趋势，从 2006 年的 6% 上升为 2010 年的 8%，该比例相较于 OECD 国家平均水平来说要低得多，但是总体上高于"金砖五国"平均水平；我国民办高中在校生数占高中在校生总数的比例发展平稳，保持在 9.4% ~9.8% 之间，该比例低于 OECD 国家平均水平，但总体上高于金砖五国平均水平；我国民办中职在

校生数占中职在校生总数的比例呈逐年上升趋势，从 2006 年的 10.3% 上升为 2010 年的 15.8%，尽管如此，该比例仍低于 OECD 国家平均水平，与金砖五国平均水平大体保持一致。2000—2009 年间的数据表明，我国民办高等教育在校生数占高等教育在校生总数的比例大幅上升，从 2000 年的 1.2% 上升为 2009 年的 20.8%，但仍明显低于 OECD 国家平均水平和金砖五国平均水平。

2. 我国民办中小学的班额远高于 OECD 国家的平均水平

OECD 国家 2003—2009 年间民办小学的平均班额基本处于稳定状态，约为每班 20 人，民办初中的平均班额基本稳定在每班 23 ~ 24 人。2003—2009 年间，我国民办小学不仅在班额上明显大于 OECD 国家的平均水平，而且平均班额增长态势明显，从 2003 年的约 36 人增长为 2009 年的约 43 人；我国民办初中的班额从 2003 年的每班约 47 人上升为 2009 年的每班约 51 人，均为 OECD 国家的 2 倍多。

3. 我国对民办教育的公共经费投入较少

在各级各类民办教育中，发达国家对民办中小学教育的生均年度公共支出最高，对民办高等教育的生均年度公共支出最低。以高等教育为例，2008 年，OECD 国家除了芬兰、瑞典、比利时、冰岛以外，各国对民办高等教育的生均年度公共支出均低于 5 000 美元，但多数国家在 2 000 美元以上。2008 年，我国民办高校生均预算内教育经费投入为 67 元，而全国普通高校生均预算内经费投入为 7 578 元。2014 年，我国各地财政对民办高校生均投入各不相同，全国普通高校生均预算内经费投入为 16 102 元，对民办高校生均预算内教育经费投入依然较少，比如重庆民办高校生均预算内教育经费投入为 1 400 ~ 2 200 元，远远低于 2008 年发达国家对民办高等教育的生均年度公共支出。

第四节　民办教育发展的现实意义

一、理论意义

在目前的形势下，应该如何定位中学阶段民办教育的社会价值取向？首先这是个价值判断问题，然后是价值选择问题。所谓中学阶段民办教育的价值判断，就是对中学阶段民办教育的发展性作用的认识；所谓中学阶段民办教育的价值选择，就是通过政策调控所引导的中学阶段民办教育的发展方向、预期目标和发展成果。如何认识中学阶段民办教育的地位和作用？这是发展中学阶段民办教育必须首先解决的思想观念问题，它直接关系中学阶段民办教育在整个教育事业发展中的基本定位、国家和地方对发展中学阶段民办教育采取的政策。回顾四十年来（从1978年算起）我国民办教育的实践，着眼于我国教育发展的长远目标和任务，应当充分肯定中学阶段民办教育在以下几方面的发展性作用：

（1）中学阶段民办教育能够起到不断扩大教育资源总量的积极作用。从我国教育发展的实际状态和社会需求出发，进一步扩大教育资源总量，提高普及程度，提升教育水平，使更多的适龄人口接受更高层次和更加优质的教育，仍然是我国教育发展的紧迫任务。调动社会力量提高参与办学的积极性，需要进一步发展中学阶段民办教育。

（2）发展中学阶段民办教育有利于吸纳社会资金，调节国家财政性教育经费的使用方向，促进公办教育的均衡发展，促进教育公平。民办教育的充分发展，在一定程度上保障了政府在教育发展中的作用。

（3）发展中学阶段民办教育有利于满足人民群众对教育多样化、选择性的需求。

二、实际意义

中学阶段民办教育的价值转型势在必行。2010年7月颁发的《国家中长期教育改革和发展规划纲要》提出"民办教育是我国教育事业的重要增长点，是我国教育改革的重要促进力量"。这既是对民办教育的价值重新定位，也是赋予民办教育新的历史使命。

1. 特定区域和特定范围内"补充"价值仍然不变

教育发展水平差异大、不均衡是我国也是广东省教育事业的一大特征。在粤东、粤西、粤北地区，尽管省政府支持力度加大，地方经费投入大幅度增加，但教育总体水平仍然不高，教育资源尤其是优质教育资源依旧不足。民办教育还有着较好的生存和发展空间，对公办学校从学位和学质上都起到了一定的补充作用。近些年，粤东、粤西、粤北民办教育的快速崛起正佐证了这点。

2. 促进广东省教育多元化，满足多样化的教育需求

经济的多元化产生了多元化的社会思想和社会需求，教育作为社会生活中极其重要的领域，不可避免地受到其影响和制约。单一的公办教育办学理念和简单的教育服务也难以满足多元化的社会需要和多样化的教育需求。民办教育的存在正是社会多元化在教育领域的反映，这是一种时代的进步，也是时代的要求。发展民办教育，满足人们多样化的教育需求，更是构建和谐社会、幸福社会的基础性条件。

3. 推动广东省中学阶段民办教育深入改革

由于教育发展的差异性和不均衡性，传统的计划经济体制下的教育管理模式不仅不适应教育发展需要，甚至阻碍了教育的发展。然而，在目前很难彻底打破僵化机制的情况下，国家对教育的改革只能寄希望于局部领域和区域的小手术。这个实验重任毋庸置疑地落到了民办学校的肩上，这既是民办学校自身机制灵活的特性决定的，也有民办学校迫于生存和发展压力所产生的。如教师聘任制、小班化、寄宿制、国际学校、特色教育、校本课程等，均是在通过民办学校尝试后，然后逐步扩散到公办教育体系中的。也许这种尝试并不是教育行政部门的刻意安排，但客观上起到了教育改革试验、示范的作用。

4. 提升教育整体质量，提供优质的教育服务

正确理解现行国家关于民办教育的方针政策，清醒地认识到现阶段民办教育的价值转型和历史新使命，我们才能调整好民办教育的生存和发展战略，重新树立信心，为民办教育赢来另一片全新的天空。

第二章　珠三角地区优质民办中学教育

第一节　新常态下优质民办中学教育发展核心概念界定

一、新常态

"新常态"是习近平总书记在 2014 年 5 月考察河南的行程中第一次提及的。当时，习近平总书记指出："中国发展仍处于重要战略机遇期，我们要增强信心，从当前中国经济发展的阶段性特征出发，适应新常态，保持战略上的平常心态。"

我国民办教育经历了进入近代教育后的蓬勃发展，新中国成立前的举步维艰，新中国成立后的持续发展，"文化大革命"期间的停办，在改革开放后又获得了重要的发展机遇期。经过四十年的发展，中国民办教育规模不断扩大，质量不断提升。当前我国经济进入新常态，民办教育发展也逐步进入新常态，新常态下民办教育面临着种种问题，如何发展，本课题试图进行深入研究。

所谓新常态，"新"就是"有异于旧质"；"常态"就是固有的状态。新常态就是不同以往的、相对稳定的状态。这是一种趋势性、不可逆的发展状态，意味着中国经济已进入一个与过去四十年高速增长期不同的新阶段。

中央电视台《新闻联播》对于"新常态、新征程"的系列报道，使得"新常态"这一经济新名词为老百姓耳熟能详。那么，什么是经济"新常态"，它意味着什么，对于中学阶段民办教育又有何影响呢？这要做一个梳理。

要想弄清楚中国经济"新常态"，就要先说"三期叠加"这个名词。"三期叠加"最早来自于新华社一篇十八大以来习近平总书记关于经济工作的重要论述的文章，这篇文章提及以习近平同志为核心的党中央对经济形势做出了经济增长速度换挡期、结构调整阵痛期、前期刺激政策消化期三期叠加的重要判断。

所谓"增长速度换挡期"，即我国经济已处于从高速换挡到中高速的发展时期；所谓"结构调整阵痛期"，即结构调整刻不容缓，不调整就不能实现进一步的发展；所谓"前期刺激政策消化期"，主要是指在国际金融危机爆发初期，中国实施了一揽子经济刺激计划，现在这些政策还处于消化期。

如何适应经济新常态？《人民日报》题为"经济发展迈入新阶段"的评论员文章给出了多点建议：一是冷静理性，不急不躁，顺势而为。潜在增长率下降、经济增速放缓，不以人的意志为转移，需要保持战略定力，坚持区间调控、定向调控，轻易不搞强刺激，不踩大油门；同时又要坚持底线思维，应对各种不确定性因素带来的冲击，力求经济保持合理的增长速度，既不过速，也不失速。二是积极主动，开拓创新，尽力而为。新常态是新的探索，以改革开路，充分发挥市场的决定性作用。

二、民办教育

自 2003 年 9 月 1 日起施行的《中华人民共和国民办教育促进法》第二条规定："国家机构以外的社会组织或个人，利用非国家财政性经费，面向社会举办学校及其他教育机构的活动，适用本法。本法未作规定的，依照教育法和其他有关教育法律执行。"由此可以看出，对民办教育的界定，主要采用了"非"的定义方法：其一，举办人不是国家机构；其二，资金来源于非国家财政性经费；其三，面向社会举办学校，也就是面向社会进行招生。符合上述三个条件者，即属于民办教育。2015 年以来，民办教育修正法及配套政策制定开始提速，2016 年《中华人民共和国民办教育促进法》修订。根据 2013—2016 年教育部发布的教育事业统计公报数据，以及教育部公布的 2016 年民办教育学校数据，中国民办学校数量、招生人数等都在增长。

三、优质民办中学

民办中学（含初中、高中、职中）是国家机构以外的社会组织或个人，利用非国家财政性经费，面向社会举办的学校。本书认为：优质民办中学除了具备民办中学的特征以外，还应具备以下四个特征：①校风、学风、教风好；②学生学业成绩优秀，德、智、体、美、劳等全面发展；③其毕业生在社会的影响力大；④学校办成能让政府放心、社会满意、学生自豪、家长骄傲的学校。当然因珠江三角洲各地的发展历史、经济水平、办学历史和办学水平存在着差异，优质民办学校之间的水平也不同。

四、形势

《国家中长期教育改革和发展规划纲要（2010—2020 年)》（以下简称《规划纲要》）开启了新一轮我国教育领域的综合改革，教育改革逐步进入深水区。在新常态下完善中学阶段民办教育的顶层制度设计，是破解当前民办教育发展难题不可回避的重大课题。中学阶段民办教育的顶层制度设计之争，始于 20 世纪 90 年代末期国家民办教育立法并延续至今。2003 年正式实施的《民办教育促进法》，开启了我国民办教育的春天。但是，目前对民办教育的顶层设计的话题尚无结论。中学阶段民办教育发展艰难的根本原因是"制度上的顶层设计不足和政策上的系统配套不够"，在新常态下中学阶段民办教育如何发展？在没有一个比较明确、稳定指向的情况下，要如何做才更有利于改革和推进民办教育事业的长远发展，这是本书所要探讨的。

第二节　珠三角地区民办教育的发展

珠江三角洲（简称珠三角)，位于中国广东省中南部、珠江入海口处。珠江三角洲既是地理区域，也是经济区域，但范围略不同。狭义上的珠江三角洲经济区包括广州、深圳、佛山、东莞、惠州、中山、珠海、江门、肇庆。新规划扩容汕尾（深汕特别合作区)、清远、云浮、河源、韶关 5 个城市，共14 个城市形成珠三角城市群。大珠三角还包括香港、澳门特别行政区。本书中的珠三角地区是指狭义上的珠江三角洲地区，主要包括广州、深圳、佛山、东莞、惠州、中山、珠海、江门、肇庆等 9 个城市。

广东省是一个民办教育大省，民办教育起步早、发展快、体量大。2008

年底，国务院批复了《珠三角地区改革发展规划纲要（2008—2020 年）的决定》，明确提出了创建国家教育综合改革示范区的战略目标。珠三角地区多所民办名校敏锐地意识到，作为广东教育强省建设不可缺少的组成部分，民办教育在落实《珠三角地区改革发展规划纲要（2008—2020 年）的决定》创建国家教育综合改革示范区的过程中有义不容辞的责任，也意识到这是发挥学校教育科学研究优势，把学校发展融入珠江三角洲地区大发展的重大契机。为此，深圳、珠海、中山、东莞等地的民办学校得到迅速发展。

2012 年，深圳市政府出台政策：教师在民办学校连续从教满 3 年每人每月获得 300 元的从教津贴，以后每满一年增加 100 元，至 1 000 元为止；符合深圳义务教育免费就读条件的民办学校学生将获数千元学位补贴。

深圳市从惠学生、惠教师、惠学校三个层面突破和创新。除了落实免费义务教育，给学生发放学位补贴减轻家长负担，以及鼓励优秀教师在民办中小学长期从教，给教师发放长期从教津贴之外，深圳市还将以"奖优助研"的形式，鼓励民办学校不断改善办学条件，提供市民满意的差异化、个性化、特色化的教育需求。据此，将有近 160 所民办学校获得共 8 500 多万元专项资金的一次性奖励。三个配套政策实施的第一年，深圳市政府投入了 5 亿元。

从 2001 年起，东莞市民办教育发展迅速，民办中小学从 20 所猛增到目前的 200 多所，其中 90% 以上都属于低收费、专收新莞人子女的学校。2012 年东莞市有约 52.6 万名新莞人子女在校就读，其中有六成在民办学校上学。据了解，截至 2012 年，东莞市共有民办中小学 246 所、民办幼儿园 596 所、各类培训机构 277 所。2010 年 5 月，东莞市下发了《东莞市民办学校扶持专项资金使用管理办法（试行）》，文件规定，从 2010 年至 2014 年，东莞市将每年拿出 1 000 万元，扶持 110 所民办学校的发展。

截至 2012 年，中山市民办学校中有省一级学校 11 所，市一级学校 7 所，所有民办学校均成为省规范化学校。此外，中山市还在全省率先探索实施民办学校教育年金制，切实保障教师合法权益。实施教育年金制后，在校任教 30 年且每学期均为名师的民办教师，退休后可领 100 万元的补助金。

2010 年以来，广东省民办教育成效明显，教育质量逐步提高，在校学生规模连续多年居全国第一，约占全国的 1/8。

截至 2017 年底，广东省各级各类民办学校（含幼儿园，不含培训机构）

有 1.52 万所，占学校总数的 45.15%；在校生 692.84 万人，占在校生总数的 31.2%。其中，民办幼儿园 13 138 所，在园幼儿 299.72 万人，占在园幼儿的 67.9%；民办小学 699 所，在校生 211.19 万人，占小学在校生的 22.42%；民办普通初中 994 所，在校生 78.78 万人，占普通初中在校生的 22.12%；民办普通高中 191 所，在校生 21.56 万人，占普通高中在校生的 11.39%；民办中职学校 116 所，在校生 16.14 万人，占中职在校生的 16.24%；民办高校 54 所（含 16 所独立学院、4 所中外合作办学高校），在校生 65.45 万人，占高校在校生的 33.99%。

广东省是个外来人口大省，特别是在珠三角地区，全省义务教育阶段外来务工人员随迁子女超过 322 万人，民办教育解决了大量外来务工人员子女的入学问题，解除了家长们的后顾之忧，使外来务工人员能够安居乐业，对于促进地方经济发展起到了积极作用。

2018 年 3 月 1 日，广东省出台了《关于鼓励社会力量兴办教育促进民办教育健康发展的实施意见》（以下简称《实施意见》），对民办教育明确了以下五个方面政策：

1. 加强党对民办学校的领导

《实施意见》在推动各级各类民办学校党组织和党的工作全覆盖的基础上，着重细化了三个方面：一是要逐步从教育行政部门和公办学校选派党务经验丰富的在职干部担任民办学校党组织书记。主要是从民办高校开始先行先试，率先进行探索。二是加强民办学校党建工作机构、队伍、经费等保障，也就是说党建工作经费要在学校工作经费中单列。三是要求各地对民办学校党组织建设、党对民办学校的领导、党组织开展工作的情况定期开展督导检查，并将此作为民办学校年度检查的重要内容和评选表彰的重要指标。

2. 加大对民办学校的财政扶持力度

一是县级以上政府必须设立专项资金。《实施意见》明确提出，县级以上政府应当设立民办教育发展专项资金，资助民办教育发展。这有利于督促仍未设立专项资金的地方按照省政府要求，加快进度，确保全部设立。二是明确加大对义务教育民办学校的财政扶持力度。《实施意见》明确提出，要按不低于公办义务教育学校生均公用经费的标准补助民办义务教育学校，对按规定可继续向学生收取学费的，须扣除公用经费补助标准部分。三是明确加大对普惠性幼儿园的扶持力度。要求各地切实采取措施，通过生均公用经费补贴、幼儿园教师补助等各种方式，加大对普惠性民办幼儿园的扶持力度。四是明确要求各地加大财政投入力度。具体措施包括政府补贴、基金奖励、捐资激励、奖助学金、助学贷款、发放教师从教津贴、教师养老三方分担机制等。

在财政投入上，深圳市规定城市教育费附加收入的15%固定用于扶持民办教育发展，纳入财政年度教育预算，2013年安排民办中小学校发展经费约6亿元。广州市每年安排民办教育专项资金1亿元。佛山市义务教育阶段民办教育专项资金达13 165万元。东莞市市级财政从2010年至2014年，连续5年每年安排1 000万元专项资金用于扶持民办学校。中山市民办教育专项资金由2013年200万元增加到2014年的1 000万元。

在学位补贴上，深圳市向民办学校符合条件的学生每人每年给予小学5 000元、初中6 000元的学位补贴。佛山市各区对民办幼儿园就读的户籍儿童给予每年每人300～680元的补贴。

在资助民办学校发展上，广州市政府新通过的文件规定，民办学校达到标准化要求，市级财政给予一次性补贴25万元；达到规范化幼儿园要求，一次性补贴8万元。东莞市财政2013年起对民办学校校车给予补贴，2013年市级财政投入6 292万元；对评上规范化的民办小学每所奖励15万元。

3. 加强对民办学校师生和举办者合法权益的保护

在对教师权益保护上，《实施意见》明确要建立健全政府、学校、个人合理分担的社会保障机制；支持各地向民办学校教师发放从教津贴；鼓励民办学校职工建立年金等补充养老保险；在教师培训上，民办学校教师与公办学校教师坚持同系列、同要求、同待遇；民办学校教师的职称评审、科研立项、评先评优等方面与公办教师同等待遇。在对学生权益的保护上，《实施意见》提出要保障学生的受教育权、教育选择权以及对学校办学管理的知情权、参与权。民办学校的受教育者在升学、就业、社会优待、接受资助以及评选表彰等方面享有同级同类公办学校受教育者的同等权利。强调了民办学校应当落实从学费收入中提取不少于5%的资金用于奖励和资助学生的规定。在对举办者的权益保护上，《实施意见》明确了保障举办者依法按章选择登记类型、日常运营管理、重大事项变更、获取劳动报酬、获得补偿或奖励等五大权利。

对现有民办学校选择非营利性办学，其出资者在终止时可以获得的补偿或奖励做了原则性规定，充分体现了对举办者合法权益的保护。需要强调指出的是，补偿或奖励只适用于现有民办学校，即 2016 年 11 月 7 日《全国人大常委会关于修改〈中华人民共和国民办教育促进法〉的决定》公布前经批准正式设立的民办学校（捐资办学的除外）。

在民办学校教师从教津贴制度上，2015 年 7 月 25 日广州市人民政府通过的文件提出"对符合规定条件的民办学校专任教师发放从教津贴""采取积分制办法解决民办学校教师入户问题""采取以奖代补的方式支持民办学校为教师购买年金"。深圳市及东莞市部分镇区每月给予民办学校教师 300~1 000 元的津贴。深圳市龙华新区将公办学校引进高层次人才的政策，如安家补贴、房租补贴等，覆盖到民办学校。实行教师津贴，有效地稳定教师队伍，如深圳市实行教师津贴后，84.6% 的民办中小学配套为教师增加了工资，工资平均增幅 11.2%，教师流动率下降 16.2%。惠州仲恺高新区规定民办学校教师均可享受社保财政补助。

4. 加强民办学校规范管理

主要从内部治理和外部监管两个方面进行规范。从规范民办学校内部治理上来说，《实施意见》进一步明确了民办学校规范管理的各项要求，要求学校完善董事会、监事（会）的人员结构及制度，党组织负责人要通过法定程序进入董事会，监事会中要有党组织负责人等；民办学校财务、人事等关键岗位负责人和董事会、监事会、行政机构负责人之间要实行亲属回避制；在加强财务管理上，要求学校的收入全部纳入财务专户，并按照有关规定向受教育者出具相应票据；要求民办学校在每个会计年度开展一次资产清查等。从加强外部监管来说，《实施意见》明确要建立健全对民办学校的第三方审计制度、信息公开制度和违规失信惩戒机制；探索建立民办学校联合保险制度；要求县级以上政府及民办学校都要建立风险防范机制和应急处理机制等。

5. 优化民办教育发展的政策环境

在用地政策方面，《实施意见》明确提出，民办学校建设用地按科教用地管理，纳入土地利用总体规划、城乡规划和土地利用年度计划。各地在分配新增建设用地指标时要适当向民办学校倾斜，新建民办学校的教育教学设施用地申报新增建设用地，符合土地利用总体规划和城乡规划的，要在土地利用年度规划中优先安排。对于符合《划拨用地目录》的民办学校设施用地，按划拨等方式供地。在收费政策方面，《实施意见》放宽了民办学校的收费限制，除义务教育学校原则上实行政府定价，其余各级各类民办学校收费实行市场调节价。义务教育民办学校的收费定价权，实际上已经下放到了各地市，各地市可根据当地的情况灵活制定政策。在税收优惠政策方面，《实施意见》明确了非营利性民办学校享受与公办学校同等的税收优惠政策。对企业支持教育事业的公益性捐赠支出，按照税法有关规定，在年度利润总额 12% 以内的部分，准予在计算应纳税所得额时扣除。超过年度利润总额 12% 的部分，准予结转以后三年内在计算应纳税所得额时扣除。个人向民办学校捐赠的，在个人所得税应纳税所得额中全额扣除。

第三节　珠三角地区民办教育在我国的地位

一、我国民办教育产业规模

新华网上海频道 2016 年 6 月 14 日调查显示，2016 年我国民办教育产业规模将近万亿。

上海灼识咨询（CIC）发布的《中国教育行业蓝皮书》显示，自 2002 年底《民办教育促进法》颁布以来，我国民办教育地位逐步提升，2016 年各级各类民办学校总数比 2002 年增加了 1.5 倍，在校人数增加 2.7 倍，在学前教育领域，民办学校数量已超过公办，成为我国学前教育公共服务的最主要提供者。

《中国教育行业蓝皮书》指出，尽管我国公办教育整体投入逐年增加，但与欧美发达国家相比仍有差距，这也给民办教育发展留下了巨大空间。据统计，从 2010 年到 2014 年间，我国民办基础教育学校总数从 114 398 所增至 154 492 所，增加 35.05%，在校生数量从 2 916 万人上升到 3 715 万人。

据 CIC 统计，2015 年中国民办教育产业规模已近 8 000 亿元，未来几年还将保特 15% 以上的复合增长率。2016 年达到 9 200 亿元市场规模，2017 年达到 10 579 亿元，2018 年预计达到 12 300 亿元（年报数据未出），2020 年将达到 1.55 万亿元。

蓝皮书研究项目总监戴巧灵认为，随着中国高净值人群数量的增长，精英化教育需求也随之增强，在长三角、珠三角等地，K12（十二年一贯制学校）因具备提供个性化教学资源、双语教学为学生留学打基础等竞争优势，将在未来获得较快发展。

二、广东省民办教育的规模

2010 年以来，广东省民办教育成效明显，教育质量逐步提高，在校学生规模连续多年居全国第一，约占全国的 1/8。

截至 2018 年底，广东省各级各类民办学校（含幼儿园，不含民办高校）15 211 所，占学校总数的 42.59%；在校生 601.83 万人，占在校生总数的 31.11%。其中，珠三角地区民办学校数量为 8 397 所，占民办学校总数的 55.2%；在校生 428.45 万人，占民办学校在校生总数的 71.19%。

从数量上看，广东省民办教育的发展速度快、规模大；从历年教学质量的督导检查和考核结果看，民办学校整体教学质量水平不低，特别是中学民办教育水平得到大家的认可。广东省民办教育的发展处于全国领先地位。

三、珠三角地区民办教育的规模

珠三角地区是广东省经济最发达的地区，也是全国经济最发达的地区之一，经济的飞速发展，吸引了大量外来人口，促进了民办教育的迅速发展。截至 2013 年，就基础教育而言，珠三角 9 市有民办学校（含幼儿园，不含培训机构）6 209 所，占全省民办学校数量的 52.2%，约占全国的 6%。在校生 337.4 万，占全省 62%。就高等教育来说，珠三角地区民办高校在校生数约占全省的 90%。就民办教育在各市的比例来说，民办学校占比超过 50% 的市有 3 个，全部集中在珠三角——深圳、东莞、珠海；义务教育阶段民办学校在校生超过三成的市有 4 个——广州、深圳、东莞、中山。

珠三角地区的民办教育，学校数量多，在校生规模大，占全国的比重高，该地区政府对民办教育政策的支持和制度的创新，对于我国民办教育的发展具有很好的引领作用和示范作用。

珠三角大多数地区已完成促进民办教育规范特色发展实施意见的起草工

作。如广州市政府在 2013 年 12 月审议通过了《广州市人民政府关于促进民办教育发展的意见》，对于民办教育发展定位、联合执法机制、差别化扶持、规范特色发展、民办学校教师从教津贴、教师年金制、教师入户、风险保证金制度、义务教育阶段民办学校免试入学、公办学校参与举办民办学校制度等做了规范。深圳市已经出台《深圳市民办教育管理若干规定》《深圳市民办学校义务教育阶段学位补贴试行办法》《深圳市中小学教师长期从教津贴实施办法（试行）》《深圳市民办教育发展专项资金管理办法》等 10 多份系列文件。佛山市《关于促进民办教育规范特色发展的实施意见》已征求完各部门意见。珠海市起草了《关于进一步促进民办基础教育规范特色发展的实施办法（修订征求意见稿）》。湛江市印发了《民办教育发展规划（2013—2018年)》。东莞、惠州等市明确了"十二五"民办教育发展规划及民办学校的布局、规模、结构。

四、粤港澳大湾区教育需求

珠三角地区是粤港澳大湾区的核心地带。2017 年 7 月 1 日上午在香港签署了《深化粤港澳合作推进大湾区建设框架协议》，按照协议，粤港澳三地将在中央有关部门支持下，打造国际一流湾区和世界城市群。粤港澳大湾区是继美国纽约湾区和旧金山湾区、日本东京湾区之后的世界第四大湾区。2017年，粤港澳大湾区人口达 6 956.93 万，GDP 突破 10 万亿元，约占全国经济总量的 12.17%，GDP 总量规模在世界国家排行中位列第 11 位，与韩国持平，是全国经济最活跃的地区。粤港澳大湾区背靠广阔的珠三角制造业腹地，面朝与国际无缝对接的港澳门户，是由香港、澳门两个特别行政区和广东省的广州、深圳、珠海、佛山、中山、惠州、东莞、肇庆、江门九市组成的城市群，是国家建设世界级城市群和参与全球竞争的重要空间载体。粤港澳将迎来改革开放后最大的发展机遇。

粤港澳大湾区合作宗旨是全面准确贯彻"一国两制"方针，完善创新合作机制，建立互利共赢合作关系，共同推进粤港澳大湾区建设。合作目标是强化广东作为全国改革开放先行区、经济发展重要引擎的作用，构建科技、产业创新中心和先进制造业、现代服务业基地；巩固和提升香港国际金融、航运、贸易三大中心地位，提升全球离岸人民币业务枢纽地位和强化国际资产管理中心功能，推动专业服务和创新及科技事业发展，建设亚太区国际法律及解决争议服务中心；推进澳门建设世界旅游休闲中心，打造中国与葡语国家商贸合作服务平台，建设以中华文化为主流、多元文化共存的交流合作基地，促进澳门经济适度多元可持续发展。努力将粤港澳大湾区建设成为更具活力的经济区、宜居宜业宜游的优质生活圈和内地与港澳深度合作的示范区，携手打造国际一流湾区和世界级城市群。这为教育的发展提供了极大的空间。

随着粤港澳大湾区建设的推进，人才集聚，教育发展成了人们关注的焦点。2018 年 11 月 23 日，"2018 粤港澳大湾区中小学校长论坛"在广州举行。来自中国和新加坡等地的 400 多位知名专家学者、中小学校长和教师代表、教育管理和教育科研工作者，围绕"共建粤港澳大湾区中国特色世界一流中小学"主题展开交流研讨。

如何解决突然集聚的人才的子女就读问题显得越来越重要。在珠三角地区，随着高净值人群数量的增长，精英化教育需求也随之增强，提供优质的个性化教学资源，将在未来获得较快发展。而公办学校由于机制的问题，在短时间内无法解决，这为民办教育提供了一个很好的机遇。因此，对珠三角地区民办中学教育的研究，有助于珠三角地区民办教育的发展，有助于给全国其他地区的民办中学教育提供借鉴，有助于更好地促进民办中学教育的发展。

第四节　新常态下珠三角地区优质民办中学教育发展研究的目标、内容与方法

一、研究目标

以广东省中学阶段民办教育发展实况及问题出发，寻求促进广东省中学阶段民办教育健康、快速发展的可行策略是本研究的总目标。研究的基本目标包括：调研广东省中学阶段民办教育的现状及问题、分析原因、寻找对策三个部分。具体如下所述：

目标1：主要探讨基础教育阶段国内外民办教育的发展状况。

首先探讨了基础教育阶段国外和国内民办教育的发展现状；其次，结合实际工作经验详细地介绍了广东省中学阶段民办教育的发展现状；最后，对国内外中学阶段民办教育发展的状况进行初步的对比与分析。

目标2：主要探讨广东省中学阶段民办教育普遍存在的问题，并分析其成因。

从国家宏观层面和广东省微观层面考察中学阶段民办教育发展中存在的问题，然后对这些问题进行分析，并归因。

目标3：针对上述发展问题及其成因，寻求广东省中学阶段民办教育的发展策略。

对广东中学民办教育的范围、范畴作出界定，将范围界定为珠三角地区，范畴界定为优质中学，接下来的研究均是以珠三角地区优质民办中学为例进行的。对国内外中学阶段民办教育的发展情况与有效经验进行系统考察，再从广东省中学阶段民办教育发展实况及问题出发，寻求促进广东省中学阶段民办教育健康、快速发展的可行策略。

二、研究的主要内容

研究的主要内容包括：中学阶段民办教育发展途径是什么？中学民办教育发展的瓶颈在哪里？主要体现在：国内外民办教育发展现状；珠三角地区民办中学发展现状；民办教育发展的问题及成因分析；新常态下珠三角地区民办中学发展策略；新常态下民办中学特色建设；民办中学教师队伍建设；民办中学年级组建设；民办中学班级管理模式建设；民办中学学科组建设；民办中学后勤管理建设；民办中学档案管理。

三、研究方法

1. 文献研究法

在大量收集有关中学阶段民办教育文献资料的基础上，对收集的资料进行鉴别、分析与整理，准确把握中学阶段民办教育研究现状，探索构建新的模式。

2．行动研究法

我们将创设的新模式试用于民办学校，并进行观察对比，研究与反思，以求达到普遍性与特殊性的统一。

3．实验法

本研究设计结合笔者在广东实验中学南海学校担任常务副校长所采用的管理办法，通过前后对比、综合评价，以验证该发展途径的有效性与可行性。

4．调查与访谈法——以珠三角地区为例

通过调查问卷对珠三角地区民办中学目前的发展情况进行调查，同时也对珠三角地区民办学校的领导和教师进行访谈，获取关于民办中学的第一手资料并进行分析。

第三章　新常态下珠三角地区优质民办中学教师现状调查研究

第一节　珠三角地区优质民办中学教师现状调查

《国家中长期教育改革和发展规划纲要（2010—2020 年)》开启了新一轮我国教育领域的综合改革，教育改革逐步进入深水区。在新常态下完善中学阶段民办教育的顶层制度设计，是破解当前民办教育发展难题不可回避的重大课题。中学阶段民办教育的顶层制度设计之争，始于 20 世纪 90 年代末期国家民办教育立法并延续至今。在《国家中长期教育改革和发展规划纲要（2010—2020 年)》研究制定和贯彻落实过程中，中学阶段民办教育的顶层制度如何设计，是目前尚无结论的话题。中学阶段民办教育发展艰难的根本原因是"制度上的顶层设计不足和政策上的系统配套不够"，在新常态下中学阶段民办教育如何发展没有一个比较明确的指向，要如何做才更有利于改革推进和民办教育事业长远发展？

2016 年 11 月 7 日，第十二届全国人民代表大会常务委员会第二十四次会议审议通过了《关于修改〈中华人民共和国民办教育促进法〉的决定》，为深化教育领域综合改革、促进民办教育健康发展提供了法律保障，是民办教育改革发展新的里程碑。

明确实行非营利性和营利性民办学校分类管理，允许举办实施学前教育、高中阶段教育、高等教育以及非学历教育的营利性民办学校。提出民办学校应当依法保障教职工的工资、福利待遇和其他合法权益，并为教职工缴纳社会保险费，鼓励民办学校按照国家规定为教职工办理补充养老保险。县级以上各级人民政府可以采取助学贷款、奖助学金等措施保障民办学校学生的权益。

2016 年 10 月至 2017 年 10 月，课题组对研究内容进行分工，梳理研究存在问题和设计问卷调查，通过行动研究法，开展实地访谈和问卷调查，对珠三角地区 9 个地级市优质民办学校的学校领导、教师进行访谈，获取目前民办学校发展的第一手资料；通过问卷调查法，获取民办学校教师状况的数据并进行分析，发现民办学校教师目前存在的问题和制约民办学校发展的教师因素，并提出了相应的对策。

一、调研方法

1. 访谈

课题组设想先找一部分有代表性的老师访谈，再在网络上收集大家的意见。就此，课题组成员分别访谈了广东实验中学南海学校、广东实验中学顺德学校、广东实验中学附属天河学校等十多所民办学校的 50 位老师，同时根据访谈的意见设计调查问卷，于 2017 年 3 月 16 日至 4 月 15 日通过微信公众号"竞光教育"在网络上公开收集珠三角优质民办中学教师的意见。在此过程中通过各种途径，邀请珠三角各地市民办中学的老师上网填写，尽可能让问卷调查更具广泛性、代表性，加强可信度。

2. 问卷

根据访谈，课题组设计问卷初稿，采用头脑风暴方法，同时征求专家意见，根据实际情况多次修改问卷，从原来的 40 个问题删减为 20 个问题。问卷采用网络无记名形式填写，参与人员涉及广州、深圳、珠海、佛山、东莞、中山、江门、肇庆、惠州等地市民办中学教师。

（1）设计问卷。

调查问卷的设计共分为两部分，调查问卷 I 是关于教师基本情况的，包括工作年限、参加民办教育工作的途径、学校或单位情况、教师学历、教师职称、教师工作量、担任班主任工作情况、工资收入、对《民办教育促进法》的了解等。调查问卷 II 是关于教师感受的，包括对工资收入的满意度，对学校提供的医疗、工作、住房等方面的满意度，对学校提供进修考察学习机会、对工作时间长短的满意度，对民办学校工作稳定性的满意度，对获得荣誉性奖励、评职称难易的感受，对发挥个人潜能和优势的感受，对学校对教师管理方法的感受等。

调查问卷问题的设计是根据调查目的，一步步具体化，构建有层次的目标结构，再根据目标进行各个问题的设计，每个问题之间具有独立性，整份题目具有完备性，以便能够完整地了解民办学校教师的真实情况。问卷的设计满足以下原则：问卷的内容和形式符合研究目的；问卷中的问题表述清楚；问卷中的问题不超出回答者的知识和能力范围；问卷中的问题排列恰当。

（2）问卷调查。

课题组的老师集体设计出问卷，利用"竞光教育"微信公众号在网络上进行问卷调查。

附　　　　珠三角地区优质民办中学发展研究调查问卷 I

尊敬的老师：

您好！值此问卷调查开始之际，我们谨向您致以崇高的敬意！本问卷不记名填写，调查结果仅用于学术研究。您的回答对于我们的研究具有重要的参考价值，为了保证科学研究的质量，我们真诚期待您在百忙中拨冗仔细阅读问卷，并按下列填表要求填写您的实际情况和真实想法：

【本调查仅针对珠三角地区的民办中学，问卷分为两部分，此为第一部分：教师基本情况】

1. 您到民办学校工作的年限：

①1～2年　②3～5年　③6～9年　④10年及以上

2. 您参加民办教育工作的途径：

①毕业生进入　　②公办学校辞职　　③离退休教师

④教育培训机构　⑤企业　　　　　　⑥其他

3. 您所在学校或单位：

①完全中学（初、高中）　②初中　③高中　④九年一贯制

4. 您的最高学历（学位）：

①博士　②硕士　③本科　④大专　⑤中专　⑥其他

5. 您的专业技术职务：

①正高级　②中学高级　③中学一级　④中学二级　⑤见习期　⑥其他

6. 本学期您的实际授课时数：

①每周2～4课时或以下　　②每周5～8课时

③每周 9 ~ 12 课时　　　　④每周 13 ~ 16 课时

⑤每周 17 ~ 20 课时　　　　⑥每周 20 课时以上

7. 您是否担任班主任工作：

①否　②是

8. 您在民办学校每月的工资收入水平如何？

①5 000 元及以下　　②5 001 ~ 8 000 元　　③8 001 ~ 10 000 元

④10 001 ~ 12 000 元　⑤12 001 ~ 15 000 元　⑥15 000 元以上

9. 您认为修改后的《民办教育促进法》可以有效促进中学民办学校的发展吗？

①是　②否　③不一定　④不清楚

10. 如有机会选择，您选择做民办还是公办学校的老师？

①民办　②公办

再次感谢您参与本次调查！

珠三角地区优质民办中学发展研究调查问卷 Ⅱ

尊敬的老师：

　　您好！值此问卷调查开始之际，我们谨向您致以崇高的敬意！本问卷不记名填写，调查结果仅用于学术研究。您的回答对于我们的研究具有重要的参考价值，为了保证科学研究的质量，我们真诚期待您在百忙中拨冗仔细阅读问卷，并按下列填表要求填写您的实际情况和真实想法：

　　【本调查仅针对珠三角地区的民办中学，问卷分为两部分，此为第二部分：教师感受】

题号	感受陈述	1	2	3	4	5
1	与同龄人相比，目前工资收入还能让自己满意	完全符合	比较符合	一般	较不符合	完全不符合
2	学校能够在医疗、工作、住房等方面提供比较好的条件	完全符合	比较符合	一般	较不符合	完全不符合

（续上表）

题号	感受陈述	1	2	3	4	5
3	学校能够提供比较多的进修、考察、学习的机会	完全符合	比较符合	一般	较不符合	完全不符合
4	在校工作时间长，和家人一起的时间有限	完全符合	比较符合	一般	较不符合	完全不符合
5	民办学校工作缺乏保障、稳定性差	完全符合	比较符合	一般	较不符合	完全不符合
6	在民办学校获得荣誉性奖励机会少，评职称难	完全符合	比较符合	一般	较不符合	完全不符合
7	民办学校很难发挥个人的潜能和优势	完全符合	比较符合	一般	较不符合	完全不符合
8	学校对教师采取鼓励和支持的管理方法	完全符合	比较符合	一般	较不符合	完全不符合
9	校长能让教师了解学校发展的愿景期望	完全符合	比较符合	一般	较不符合	完全不符合
10	我会很自豪地告诉别人，我是这所学校的老师	完全符合	比较符合	一般	较不符合	完全不符合

再次感谢您参与本次调查！

二、调研结果分析

（一）结果

问卷 1：投票人数 332 人

1. 您到民办学校工作的年限：

    1～2 年：102 票，占 30.72%   3～5 年：88 票，占 26.51%

    6～9 年：81 票，占 24.40%   10 年及以上：61 票，占 18.37%

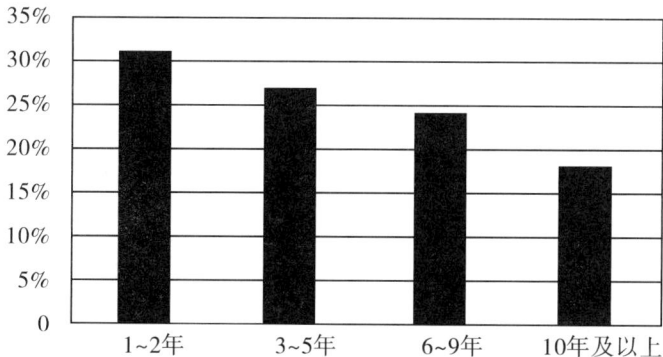

2. 您参加民办教育工作的途径：

毕业生进入：169 票，占 50.90%　　公办学校辞职：81 票，占 24.40%

离退休教师：5 票，占 1.51%　　　　教育培训机构：17 票，占 5.12%

企业：5 票，占 1.51%　　　　　　　其他：55 票，占 16.57%

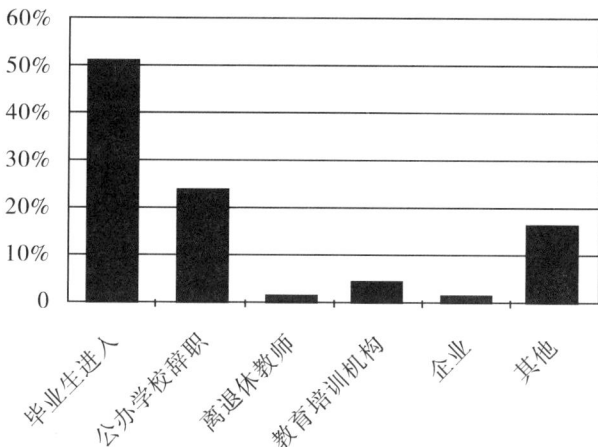

3. 您所在学校或单位：

完全中学（初、高中）：87 票，占 26.20%

初中：49 票，占 14.76%

高中：39 票，占 11.75%

九年一贯制：157 票，占 47.29%

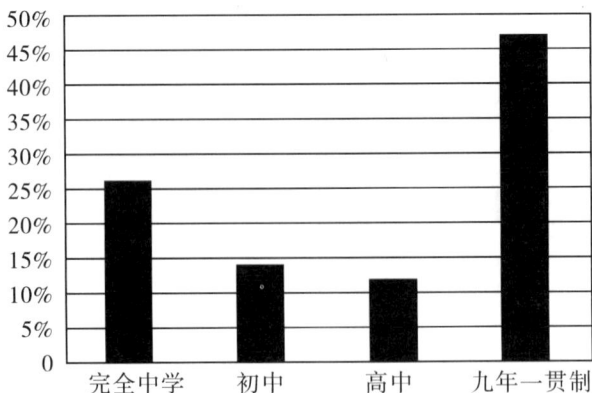

4. 您的最高学历（学位）：

博士：0 票   硕士：26 票，占 7.83%

本科：226 票，占 68.07%   大专：76 票，占 22.89%

中专：3 票，占 0.90%   其他：1 票，占 0.30%

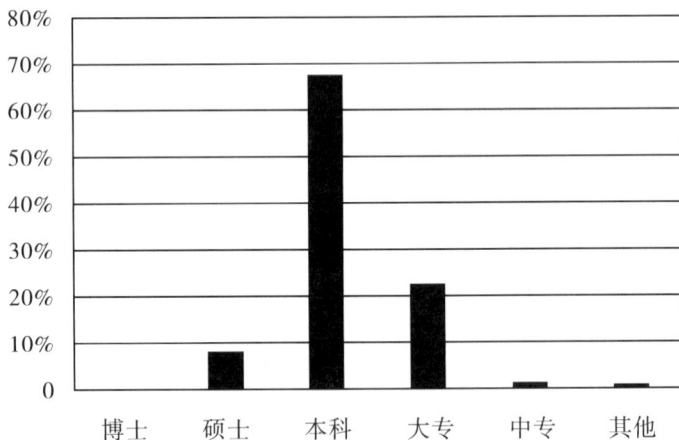

5. 您的专业技术职务：

正高级：2 票，占 0.60%   中学高级：30 票，占 9.04%

中学一级：66 票，占 19.88%   中学二级：88 票，占 26.51%

见习期：20 票，占 6.02%   其他：126 票，占 37.95%

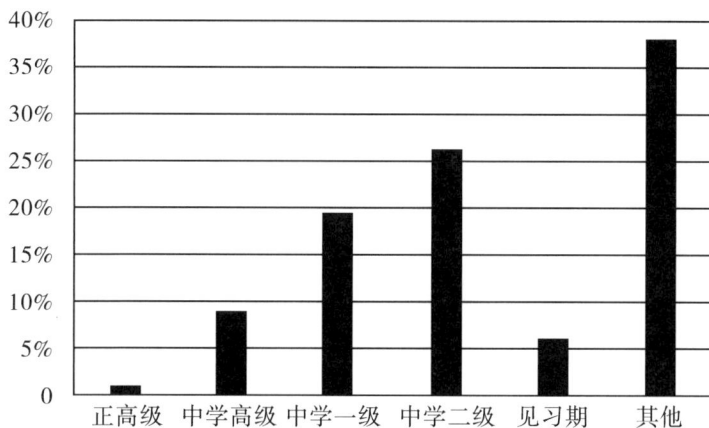

6. 本学期您的实际授课时数：

每周 2～4 课时或以下：16 票，占 4.82%

每周 5～8 课时：27 票，占 8.13%

每周 9～12 课时：65 票，占 19.58%

每周 13～16 课时：103 票，占 31.02%

每周 17～20 课时：86 票，占 25.90%

每周 20 课时以上：35 票，占 10.54%

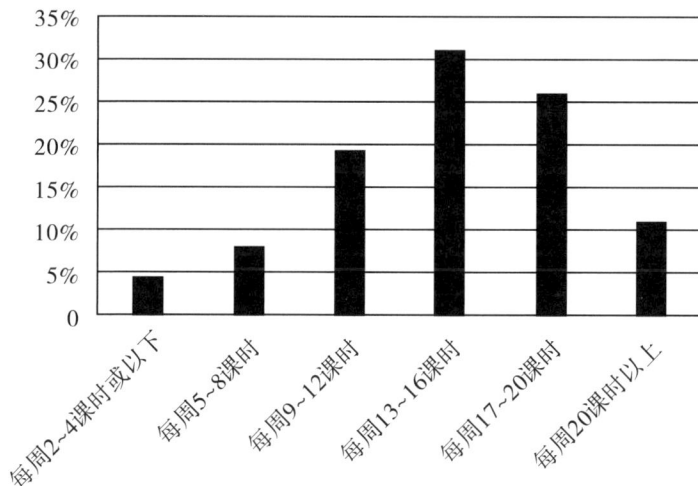

7. 您是否担任班主任工作：

否：176 票，占 53.01%　　　是：156 票，占 46.99%

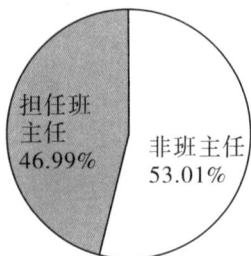

担任班
主任
46.99%　　非班主任
53.01%

8. 您在民办学校每月的工资收入水平如何？

5 000 元及以下：153 票，占 46.08%

5 001～8 000 元：124 票，占 37.35%

8 001～10 000元：38 票，占 11.45%

10 001～12 000 元：8 票，占 2.41%

12 001～15 000 元：5 票，占 1.51%

15 000 元以上：4 票，占 1.20%

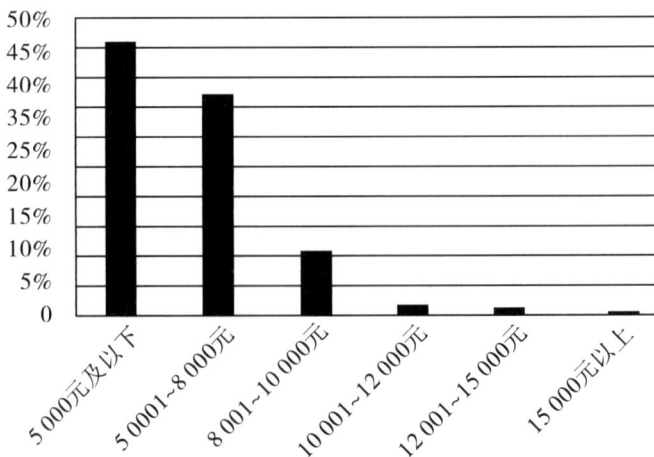

通过表中数据可知，民办学校的教师工资绝大部分在 8 000 元以下，占比

83.43%，说明民办学校工资较低，不利于提高民办学校教师工作的积极性，也不利于民办学校教师的稳定性。

9. 您认为修改后的《民办教育促进法》可以有效促进中学民办学校的发展吗？

　　　是：111 票，占 33.43%　　　　　否：12 票，占 3.61%

　　　不一定：101 票，占 30.42%　　　不清楚：108 票，占 32.53%

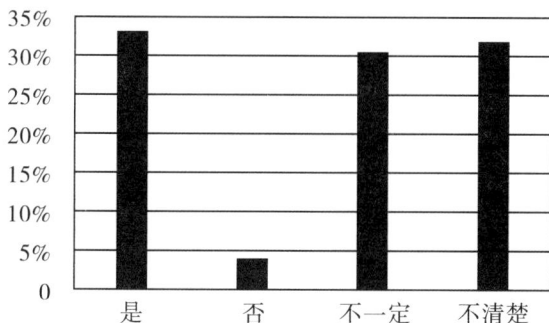

10. 如有机会选择，您选择做民办还是公办学校的老师？

　　　民办：35 票，占 10.54%　　　　公办：297 票，占 89.46%

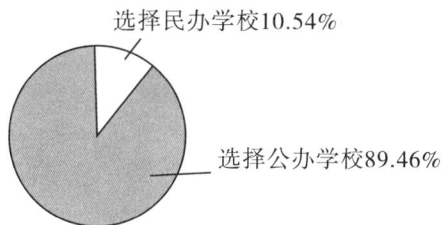

选择民办学校10.54%

选择公办学校89.46%

问卷 2：投票人数 327 人

1. 与同龄人相比，目前工资收入还能让自己满意

　　　完全符合：7 票，占 2.14%　　　　比较符合：60 票，占 18.35%

　　　一般：140 票，占 42.81%　　　　较不符合：81 票，占 24.77%

　　　完全不符合：39 票，占 11.93%

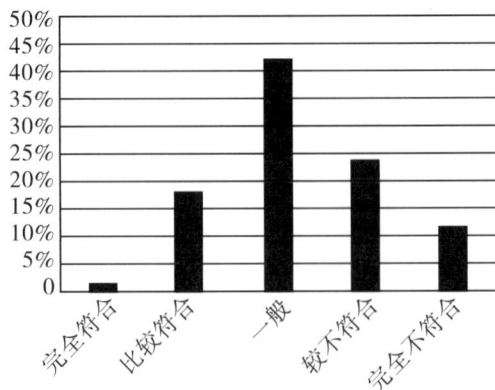

2. 学校能够在医疗、工作、住房等方面提供比较好的条件

完全符合：16 票，占 4.89%　　　　比较符合：68 票，占 20.80%

一般：133 票，占 40.67%　　　　较不符合：66 票，占 20.18%

完全不符合：44 票，占 13.46%

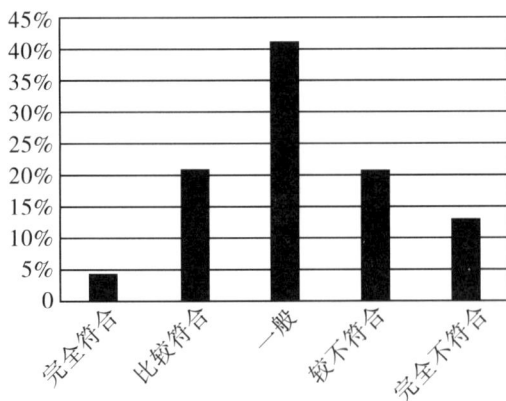

3. 学校能够提供比较多的进修、考察、学习的机会

完全符合：4 票，占 1.22%　　　　比较符合：65 票，占 19.88%

一般：141 票，占 43.12%　　　　较不符合：72 票，占 22.02%

完全不符合：45 票，占 13.76%

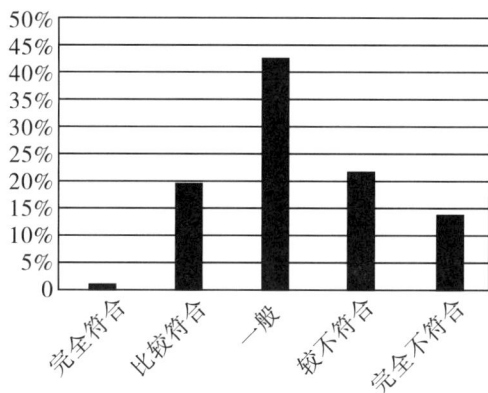

4. 在校工作时间长，和家人在一起的时间有限

完全符合：143 票，占 43.73%　　比较符合：90 票，占 27.52%

一般：72 票，占 22.02%　　较不符合：16 票，占 4.89%

完全不符合：6 票，占 1.83%

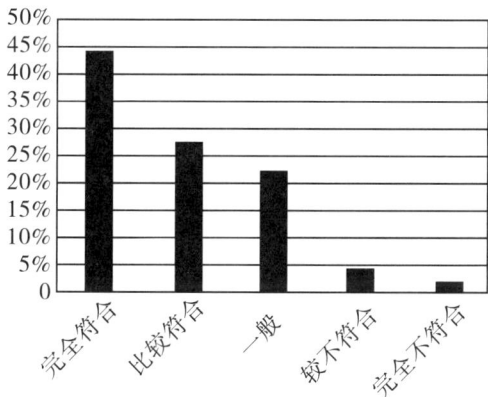

5. 民办学校工作缺乏保障、稳定性差

完全符合：114 票，占 34.86%　　比较符合：104 票，占 31.80%

一般：74 票，占 22.63%　　较不符合：31 票，占 9.48%

完全不符合：4 票，占 1.22%

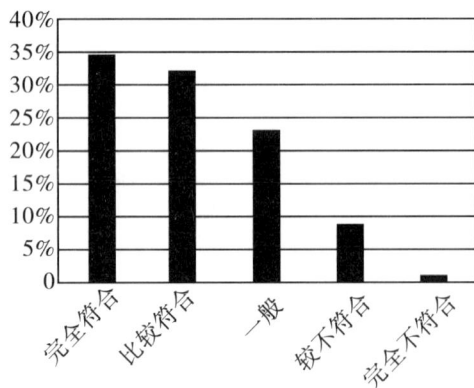

6. 在民办学校获得荣誉性奖励机会少，评职称难

完全符合：116 票，占 35.47%　　　　比较符合：116 票，占 35.47%

一般：70 票，占 21.41%　　　　　　较不符合：19 票，占 5.81%

完全不符合：6 票，占 1.83%

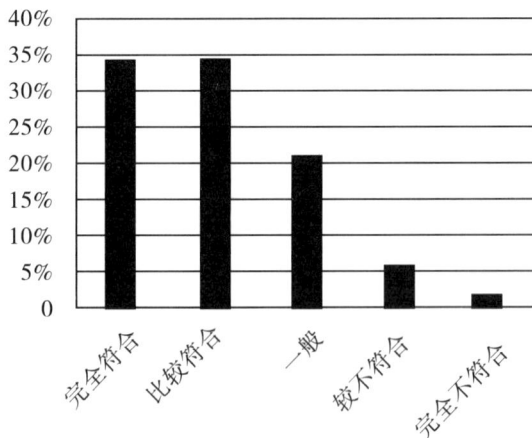

7. 民办学校很难发挥个人的潜能和优势

完全符合：41 票，占 12.54%　　　　比较符合：82 票，占 25.08%

一般：125 票，占 38.23%　　　　　较不符合：65 票，占 19.88%

完全不符合：14 票，占 4.28%

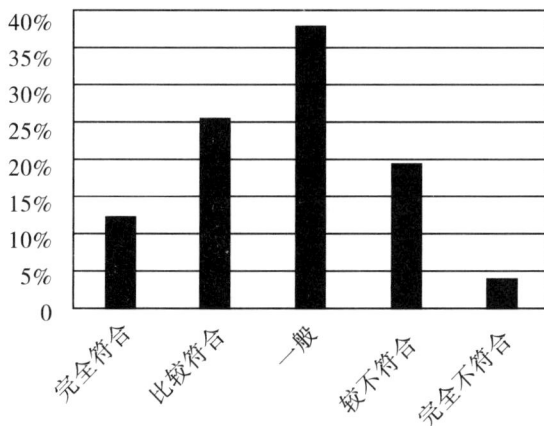

8. 学校对教师采取鼓励和支持的管理方法

完全符合：22 票，占 6.73%　　　比较符合：103 票，占 31.50%

一般：121 票，占 37.00%　　　较不符合：57 票，占 17.43%

完全不符合：24 票，占 7.34%

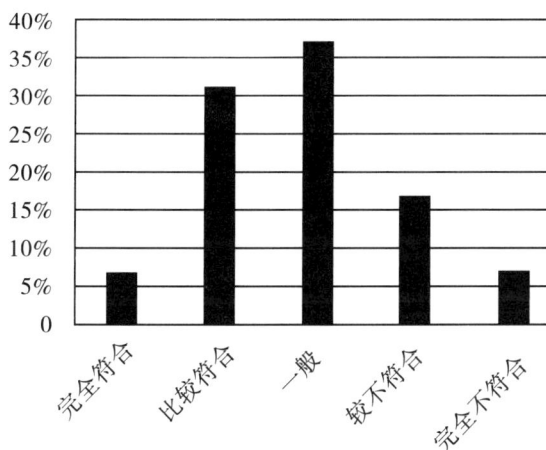

9. 校长能让教师了解学校发展的愿景期望

完全符合：50 票，占 15.29%　　　比较符合：142 票，占 43.43%

一般：97 票，占 29.66%　　　较不符合：20 票，占 6.12%

完全不符合：18 票，占 5.50%

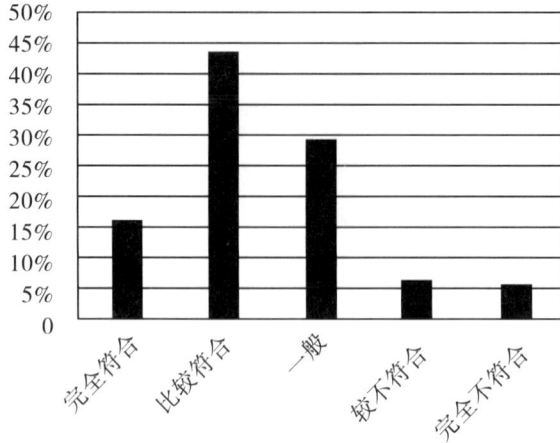

10. 我会很自豪地告诉别人，我是这所学校的老师

完全符合：51 票，占 15.60%　　　比较符合：84 票，占 25.69%

一般：130 票，占 39.76%　　　较不符合：37 票，占 11.31%

完全不符合：25 票，占 7.65%

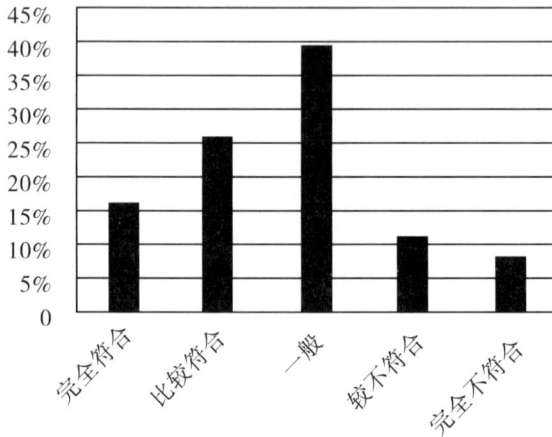

(二) 问题

据以上问卷调查, 大部分教师从事民办教育的时间短, 并且是从高校毕业后直接进入民办学校工作, 学历以本科为主, 职称低 (一级、二级共占46.39%), 工作量大, 担任班主任, 收入较低, 8 000 元以下的占比83.43%, 对民办教育促进法了解不多, 大部分想有机会转为公办教师, 对自己的工资要求不高, 学习进修机会少、评职称难, 对学校发展愿景了解不多, 对职业自豪感不强。

同时, 珠三角各地市民办教育发展水平不同, 中学同级别的民办教师的年收入也不尽相同, 有的差异比较大。经调查: 佛山、东莞、广州的民办教育发展比较早、比较快, 而肇庆、惠州的民办教育发展比较迟、比较慢。佛山市每个镇街都有民办中小学, 而惠州市的龙门县目前还没有一所民办中小学。佛山、东莞、深圳的民办中学教师的年收入远远高于肇庆和惠州的民办中学教师。但佛山、东莞、深圳的民办中学教师的收入大多数低于同类公办教师, 肇庆、惠州的民办中学教师的年收入大多数高于同类公办教师。

(三) 思考

优质是教育品牌的基础, 只有高质量的产品才能得到消费者的信赖、接受与认同, 并和消费者建立起强韧而密切的关系。

什么是优质教育, 相当一部分人认识模糊。有的人把优质教育等同于高升学率的教育, 用高升学率来表征学校教育的高水平、高质量; 也有的把优质教育等同于优质的教育资源、现代化的校舍、现代化的教学设备。高升学率、现代化的教育资源无疑是优质教育的表征, 但不是根本。优质教育的根本应该是面对中国现代化建设和国际竞争, 培养具有创新精神和实践能力的人才, 也就是说优质表现在人的综合素质方面。

民办学校的质量目标应是一个知识、能力、素质辩证统一的目标, 应该赋予每个学生发展个性、追求幸福的能力, 使学生在思想上更加开阔, 在文化素养上更加广博, 有能力选择和适应不同的生活。对学校教育质量的终极评价, 就在于所培养的人是否具有可持续发展的潜力。

要实现优质教育目标, 需要办学者对各项办学要素进行统筹规划, 在培养优质学生的过程中，使学校得到发展。

首先，需要一个先进而切实可行的办学理念。先进的办学理念反映了一所学校的主体信仰、精神气质和文化特征，构成了一所学校绵延流长、兴旺发展的思想支撑和精神动力，对学校的教学和管理活动起着指引作用。民办学校要想获得可持续发展，首先必须确立正确的办学理念，只追求经济利益、忽略教育规律的办学行为，只会让学校昙花一现。

其次，要有一支优秀的师资队伍。校长和教师是实现学校教育目标的核心和关键。品牌学校离不开品牌校长和品牌教师，赢得教师，才能赢得教育。高收费民办学校应该充分利用自己的优势，吸引并留住一批优秀教师。这些教师不但要有过硬的教学本领，还要有高尚的职业道德和正确的育人观，既要能使学生掌握基本的学科知识，也要对他们人格的形成产生积极的影响。

再次，要有一套稳定而有效的培养模式。近十年的教育改革过程中出现了许多优秀的教育模式，如成功教育、情境教育、自主教育、开放教育等。这些教育都是在实施素质教育的过程中创造出来的教育模式，有着积极的文化内涵。高收费民办学校所面向的生源群体有一定的特殊性，要教育好这些学生，必须深入开展教育科研，努力构建适应学生、适应社会政治经济发展的教育模式。

最后，要有一套科学的管理体制。高收费民办学校虽然是市场经济的产物，但教育规律是它首先应该遵循的。因此，办学者在确定学校的管理体制时，不能完全按照企业的管理模式，而应该更多地考虑学校的教育特性。

（四）措施

1. 加强对相关法律法规的贯彻落实

进一步统一思想、凝聚共识，为《民办教育促进法》的贯彻落实营造良好氛围；积极推动《民办教育促进法实施条例》修改工作，进一步完善民办教育法律制度体系；尽快出台国家层面鼓励社会力量兴办教育的政策文件，推动地方政府因地制宜研究制定具体办法，保证修改决定确定的原则和要求在实施层面尽快予以落实；适时召开全国民办教育工作会议，贯彻落实中央关于民办教育发展的决策部署，系统总结推广民办教育改革的经验做法，努力营造全社会共同关心、共同支持民办教育的良好环境。让民办教育的举办者、校长、教师了解国家教育改革的方向。

2. 健全民办学校治理机制

规定民办学校设立理事会、董事会或者其他形式的决策机构，并建立相应的监督机制。教育行政部门及有关部门建立民办学校信息公示和信用档案制度。

非营利性民办学校的举办者不得取得办学收益，学校的办学结余全部用于办学。营利性民办学校的举办者可以取得办学收益，学校的办学结余依照公司法等有关法律法规处理。两者的区别在于，学校存续期间举办者能否取得办学收益、学校终止时能否分配办学结余。对于现有的民办学校，《民办教育促进法》规定学校终止时，出资人可以按照法律规定取得相应的补偿或者奖励。

3. 进一步完善国家扶持政策

强调民办学校与公办学校具有同等的法律地位，规定非营利性和营利性民办学校在财政、税收优惠、用地、收费等方面的差别化扶持政策，明确了国家鼓励方向。

4. 突破难点——管理模式

一个是内部的管理模式，一个是外部的管理模式，问题都比较突出。举办者跟学校，董事会跟校长，或者说举办者跟校长，关系问题比较突出，比如是老板一个人说了算还是校长有决定权，要把问题说清楚。

5. 建设公平的制度环境

这也是很重要的问题，是现在制度环境或者政策环境的问题，很多民办教育面临制度环境不公平、政府支持力度不够的困境。

有些初中抗议民办教育，是因为这会导致公办教育招生受阻，民办教育与公办教育在某些地区矛盾尖锐。有些地区是公办教育先招生，民办学校后招生，一些刚办起来的民办学校，招不到人。要在政策上找到公平公正的发展规律、发展路线，建设公平的制度环境。

6. 解决关于民办教育的瓶颈问题

第一，资金与营利关系问题。民办学校一开始不是以营利为目的，但是民办学校需要营利，需要资金来发展，故要允许学校营利，但举办方不能挪用学校资金，营利的资金要用于改善学校的教学设施和提高教师待遇。第二，师资的稳定性与优质性问题。好的学校，教研活动好办一些，师资稳定性好一点。民办学校受政策和经济影响非常大，师资的保障、稳定、优质都面临困境，受各方面因素的影响，许多学校不主张老师参与太多教研活动，这必会影响教师的整体水平，故教育行政部门必须加强对民办学校的指导和监督，特别是在评教、评先、评优上要同等对待。第三，招生的公平性问题。公办学校先招生，会影响民办学校的招生，要制定相关政策，保证公平性，最好是一视同仁。第四，质量的保障和评价机制问题。目前对民办学校不够关注，影响其积极性，要尽快制定一套比较全面而相对稳定的督导评估办法，严格执行。许多民办学校的积极性仅仅是靠抢生源、高升学率，这不是常态，要形成新常态发展的态势，保证学生德、智、体、美、劳全面发展。

7. 解决教师的困惑

民办学校教师普遍存在工作量大、工资收入偏低、学习进修机会少、评职称难、对学校发展愿景了解不多、对职业自豪感不强等问题与困惑。教育行政部门应积极想办法解决，让民办老师有自豪感、归属感，在进修、评职称方面享受与公办学校同等待遇等。

8. 保护教师权益

民办学校应当依法保障教职工的工资、福利待遇和其他合法权益，并为教职工缴纳社会保险费，同时鼓励民办学校按照规定为教职工办理补充养老保险。应从政府层面对教师工资、福利待遇等给予规定并加强督导检查。

第二节　中学民办教育发展存在的问题

一、普遍问题

1. 教师队伍不稳定

民办学校的教师队伍一般可以分为三类：第一类是年老的退休教师，这些老教师有较多的退休金可以维持生计，教师这份工作对他们来说更像是爱好，因此心态上比较放松，同时也比较随性，如果有不顺心的事情或者工作进度较快，他们觉得比较累、不合适，可能就会辞职不干；第二类是中年教师，虽然这类老师干劲较足，经验也较为丰富，但是他们较为倾向于公办学校，一旦有机会跳槽进入公办学校，会马上离职；第三类是年轻教师，这类教师刚毕业几年，干劲十足，拼劲很强，但是经验不足，因此等到他们经验比较丰富了，就会和中年教师一样选择跳槽到公办学校。

2. 教师管理不规范

民办教师的管理包括外部管理和内部管理。外部管理指行政部门对民办学校教师的管理，内部管理指学校自身对教师的管理。建立一支稳定、团结、和谐的教师队伍主要取决于学校自身的管理。一些民办学校管理混乱，体制不健全，再加上有些创办者本身并不懂教育，片面追求成绩，追求眼前利益，没有处理好与教师的关系等，这些问题得不到有效的解决，结果让教师与学校不能站在同一战线上，学校凝聚力较差，同时教师干劲降低。

3. 教师工作量和工作压力超负荷

民办学校创办者一般以利润为经营目的。为了吸引更好的师资，民办学校教师的工资一般高于公办学校，但是这也意味着他们的工作量更大，除了平时的教学活动，还要参加各种考核奖惩活动，每天起早贪黑，面临着优胜劣汰的压力。超负荷的工作量和工作压力导致一些教师心理病变。

二、广东省中学民办教育发展存在的问题

1. 民办教育的办学理念不明确、表面化，有些脱离实际

办学理念是学校领导源于办学实践活动而形成的用以指导学校教育、管理和发展的理性认识。它包括教育理念、管理理念和发展理念三个方面的价值取向。

然而登录各民办学校的网站会发现，大多数并没有明确的办学理念，取而代之的是办学宗旨、办学目标、办学原则等。

随着社会的发展，民办教育越来越重视办学理念，但是缺乏实践经验，缺乏深度思考，未能对办学理念进行细致透彻的分析，从而导致对办学理念的认识和理解出现了笼统化、简单化和表面化的倾向。同时各学校往往偏重于展现其教育理念，而忽略了对管理理念和发展理念的阐述。

同时，为了扩大招生，博取关注，一些学校的办学理念往往都是用高端词汇和专有名词进行堆砌，看起来高深莫测，实则假大空，脱离实际。办学理念除了要彰显本校的鲜明个性外，更要考虑学校地域、层次基础，要有一

定的超越时空性和稳定性。学校在设定办学理念时应对自身的师资和生源进行评估，有准确的定位。

2. 民办教育规模还不够大，质量和水平还不够高

广东省民办教育虽然起步早，但是与经济社会发展的要求相比，与国内先进省份相比，总的来说，规模还不够大，教育质量还不够好，办学水平还不够高。民办学校的办学条件也是参差不齐，有的学校教育质量较差，集聚生源能力较弱，面临着学生中途转学等问题，新生报到率低，难以走上良性发展的轨道，这种状况与广东省庞大的教育规模和人民群众对优质教育的迫切需求不相适应。

3. 民办学校教师同等法律地位迟迟不能兑现

从观念上看，社会认为民办学校唯利是图、民办教师为"有知识的打工者"；从制度上看，我国是一个公有制国家，决定了教育行业以公办学校为主，民办学校为重要组成部门。同时，民办教师工资不是由财政拨款，主要来源于学校收取的学费，少量来自私人的捐资助学，人事关系也不纳入国家编制，使得民办教师学历总体不如公立学校，高学历的教师不愿意去民办学校。

第三节　新常态下珠三角地区民办中学发展策略

一、提高民办学校教师地位和福利

1. 消除观念上的歧视和偏见

政府宣传部门和教育部门应该宣扬民办教师的良好形象，利用社会媒体对教师典型人物和有杰出贡献的人物进行报道和采访，对有杰出贡献的民办教师进行嘉奖，并在教师节等节假日进行问候。

2. 根除制度上的排挤，建立公平公正的机制

学习一些省市的大胆做法，为民办学校教师单独定编，实现民办和公办学校教师的自由流动。

3. 落实提高民办学校教师的福利

一些省市已经有了提高民办教师福利的先例，如 2005 年杭州市出台了《杭州市区民办学校教师参加机关事业单位职工基本养老保险的实施方法》，解决了杭州市户籍民办教师的养老保险问题，也鼓励教师在公办学校和民办学校之间流动；温州市也下发了《关于温州市民办学校依照公办学校教师标准落实五险一金政策实施意见》；在我国台湾，《私立学校教职员保险条例》对保险问题做了细致而完善的规定。广东省可以效仿这些省市的做法，依据现实情况进行调整。

二、完善民办教育体系建设

在发展民办教育过程中，应深化教育体制改革，发展大众化民办教育，促使民办教育可持续发展和充满特色地发展，同时努力提高民办学校的质量，使其朝着注重内涵的方向发展，做到与公办教育相辅相成。同时，可建立一个省、市、区县三级独立的民办教育管理机构，专门负责民办学校和民办教师的管理，这有利于加强民办教育执法监督力度。

三、探索政府资助民办教育的新模式

健全公共财政对民办教育的扶持政策，将政府财政经费资助民办教育作为一项稳定的制度，加强政府对民办教育的财政干预，解决政府公共财政经费投入后的监管问题，完善促进民办教育发展的税收优惠政策。

四、加强校本课程体系建设，满足学生多元化需求

校本化是目光所向、基于学校本身开展特色建设的模式。特色最终必须回归到学校自身，必须基于学校的基础、文化的积淀和学生的成长需要，而校本发展的核心是校本课程建设。因此，民办学校要敢于打破传统的思维模式，在课程与教学等方面大胆创新，贡献自己的智慧。同时，民办学校要充分激发师生的主体性和创造力。

五、加强师资队伍建设，走科研兴校道路

1. 开展核心课题研究

目前，中小学科研兴校的方式主要是参加课题研究，然而教师多是随意进行，各自取感兴趣的研究方向，因此研究内容较为分散，学校没有对教育科研进行实质性的指导。如果民办学校对教育科研没有整体规划和组织，未确立核心课题，不能把每位教师的研究内容和结果进行提炼与整理，则难以凸显学校特色，更不能把这些研究成果运用到实际教育过程中。

2. 建立校本教研机制

在校本研究过程中，应鼓励教师选择教育理论，并结合自身的经历总结经验，科组老师之间进行学术交流。学校应该鼓励教师积极发展专业教育理念，摒弃教学中的经验主义行为，采取更为灵活的教学方式；通过各种途径促进教师专业化发展，这可以更好地推动学校特色建设。

第四章 新常态下民办中学发展探索

第一节 新常态下民办中学特色建设

一、民办学校特色建设过程中存在的问题

一所民办特色学校，既要体现出与其他学校截然不同的气质，又要在办学效果上高于同类学校。然而，经过调查发现，民办学校在特色学校建设过程中，往往存在以下问题。

问题一：对学校特色发展缺乏系统思考。民办学校特色发展的系统思考体现在学校发展战略的整体规划上。所谓学校发展战略，是指管理者对学校长远发展目标及其行动路线所作的预见和能动性的安排。民办学校特色发展战略既要着眼于社会发展趋势，又要立足于本校办学实际。对外，要满足学生和公众多样化的教育需求，广泛吸收社会资源，扩大社会影响力，使办学特色得以传承和推广；对内，要根据办学根基和现实环境提炼可物化的办学主旨，并以此为中心点，调动全体教职工和学生将这种特色融入工作和学习中，将特色沉淀成学校文化。民办特色学校的创建是对学校教育教学的整体改革的设计，具有长期性和系统性。因此，单靠急功近利和零打碎敲式的办学活动难以创建真正的特色学校，必须进行长期的、系统的、整体性的科学规划和设计。

问题二：对特色课程的开发缺乏重视与坚持。我国学校的课程结构，包括国家课程、地方课程和校本课程三部分内容。无论在课程内容还是课程形式上，校本课程是最能体现学校特色的一个方面。在现实中，民办学校对特色课程的开发往往存在两方面的问题。一方面，特色课程的开发得不到高层的重视。相对于公办学校来说，民办学校的生存和发展需要考虑更多因素，

而对此负责的必然是董事会和校长，因此他们对课堂的关注度就会降低。另一方面，特色课程的开发难以持之以恒。特色课程的开发是一个不断完善的过程，然而特色课程在民办学校中，常常在没有得到完善时就无疾而终，或者只在某个科目、某个项目中应用后就被丢弃。这样的特色课程，固然不能称为特色课程，更难以成为民办学校建设特色学校的有力支柱。

问题三：对特色师资队伍的打造缺乏力度。民办特色学校的建设要有符合学校实际的办学愿景、贯穿始终的教育信念，让教职工感到有归属感，乐于融入学校环境，相互之间团结协作，为了实现学校目标积极进取。这些氛围的形成虽然需要一定的时间积累，但主体的主观努力可以加快特色建设的进程，因此需要有一个能够积极思考、统筹全局的倡导者。但在现实中，民办学校的董事会、校长往往难以起到带头作用，他们忙于搜集生源、筹措资金、协调与相关部门的关系，往往忽视了学校特色建设的主力军的打造，既难以给予教师稳定的保障，又难以整合教师的智能资源，这必然会阻碍民办学校特色发展的进程。

问题四：对高质量的特色学生培养缺乏设计与耐心。特色学校涵盖的范围十分广泛，民办学校工作所涉及的一切领域都可以办出特色来，既可以有学科特色，也可以有项目特色，既可以有教学特色，也可以有管理特色，但必须有一条主线将这些松散的特色汇集在一起，这条主线必须以学生的全面发展为宗旨，把各个领域的特色融入这条主线，使其慢慢积淀成民办学校独特的文化。具体来说，民办学校可以通过塑造有利于学生个性多样化发展的教育环境，形成自己独特的办学风格。但是，部分民办学校由于缺乏政府和社会的特色办学引导，大多数处于同质化、低水平的办学层次，在国家教育规划的背景下，为了避免脱离教育大纲的轨道，倾向于寻求简单生硬的教育教学方式，久而久之，就形成了不利于学生个性发展的教育环境；同时，也有学校片面地将学习成绩当成衡量优劣的唯一标准，把升学率当成办学成败的唯一指标，严重扼杀了学生个性化的发展。因此，民办学校要发展成为特色学校，必须营造宽松的教育环境，根据学生的发展需要设计培养方案，以鼓励性的育人方式促进学生全面发展。

问题五：对特色发展的相对性缺乏认真审视。民办特色学校的特色不是一劳永逸的，它的积淀和发展具有相对性。从空间范围来看，民办学校的特色发展必须符合其所在地区的社会发展。有些校长出外考察学习后，既不考虑学校的传统，又不考虑社会需求，就照搬照套别人的特色，殊不知特色也会"水土不服"。从时间范围来看，一方面民办学校的特色发展必须符合自身的发展趋势。每一所民办学校都处在不同的发展阶段，进行特色建设时必须考虑自身的适应能力，同时又要根据自身现状进行统筹规划，把握未来的特色发展走向。另一方面，民办特色学校的建设是一个不断更新的过程，特色可以被模仿，原来的特色就变得普通。所以，民办学校在创建特色学校时必须不断进取创新，不断为自己的特色加入新的元素，这样的特色才会历久弥新、绽放光彩。

二、民办学校特色建设的发展思路

民办学校特色建设是一项长期的、艰巨的、复杂的系统工程，不能一蹴而就，需要长期的积淀和酝酿。民办学校是特色创建的主体，特色发展是其未来发展的重要方向，也是其能否成功转型的关键所在。因此，民办学校应挖潜革新，主动作为。而政府作为民办学校的管理主体，也应通过简政放权、政策激励等方式进一步激发民办学校的主体创造性，使其真正成为我国教育发展的重要增长点和重要力量。

与公办学校不同，"民办学校虽从事的是社会公益事业，但不属于政府公共产品，而属于市场范畴，是以其服务质量和市场供求关系决定其发展和回报率，必须同时遵循教育规律与市场规律"。这是由公办学校和民办学校的体制不同所决定的，公办学校使用的是公共财政投入，它以提供公平均等、普惠性的公共教育为主；民办学校获取的资源则主要来自于市场，即学生家庭的购买服务，它需要根据市场需求的变化，以提供丰富多元、选择性教育为主。

因此，民办学校要对区域内的教育对象、经济水平和教育资源进行全面、深入的了解和分析，形成富有个性的发展路径。在民办学校特色建设过程中，教育主管部门要引导各民办学校从学校历史、办学理念、师资队伍等实际情况出发，选择适切的特色项目，使每所学校都能找到符合自身条件的发展空间和优势项目，这样既可避免民办学校为竞争生源而引发恶性竞争，又可以满足不同学生的发展需要。

1. 加强校本课程体系建设，满足学生多元化需求

校本化是目光向内、基于学校本身开展特色建设的模式。特色最终必须回归到学校自身，必须基于学校已有的基础、文化的积淀和学生的成长需要，而校本发展的核心是校本课程建设。因此，民办学校要敢于打破传统思维模式，在课程与教学等方面大胆创新，贡献自己的智慧。同时，民办学校要充分激发师生的主体性和创造力，"学校的办学特色在某种意义上是个人或群体的性格"。这里的主体包括校长、师生以及家长和社区等相关者。学校的特色实质上就是人的特色，民办学校应从个人和群体的成长角度来激励人和促进人，最后形成一个合力同心、一起成长的共同体。

2. 加强师资队伍建设，走科研兴校道路

以教育科研为抓手来引领学校发展是当前民办学校特色建设的突破口。科研兴校过程实质是学校不断形成和完善办学特色的过程，是民办学校探索解决实际办学中遇到的问题的过程。它要求教师在教育教学实践中，结合自己的工作开展科研活动，参与课题研究，吸收先进的教育理念、教育方法，从而提高自身的业务水平。科研兴校在形成学校办学特色、促进教师专业发展方面有着极其重要的价值。这不仅是理念问题，更是一个实践问题。提倡教师从事教育科研以实现科研兴校，这应成为当下民办学校特色办学的重要方向。

一是开展核心课题研究。在民办学校特色建设过程中，应借助全校教师之力，围绕教育教学中遇到的问题，确立一个总体研究方向和核心研究课题，选题时应注意选择与学生发展相关的问题，包括学生核心素养培养和发展问题等，并能不断地生成新的课题，最终形成学校可持续发展的教育教学特色。

二是建立校本教研机制，让教师在专业方面获得成长机会。作为校方，在教学方面要授予教师更多的自主权，促进教师积极更新教学理念，摒弃教学中的经验主义行为，鼓励教师自主研究新课程，采用更多灵活的教学方式，以更加充分地挖掘学生的潜能。例如，引导教师开展专业阅读、进行"微课题"研究、建立教科研博客等。民办学校应以学校特色创建为主题，邀请高等院校和科研院所的专家与本校教师组成相关课题组，开展行动研究，将理论与实践相结合，创造性地解决特色发展中的问题。

三是建立优进劣退、持续长效的教师发展机制。特色建设的实施主体是

教师，但目前民办学校特色建设面临的最大问题是师资队伍不稳定，特别是优秀教师流失较为严重。教师是实现学校特色建设的保证。上海民办教育协会的调查数据显示，63.8%的学校教师队伍素质不能适应学校的特色项目建设。民办学校可根据教师来校工作的年限、业绩水平和贡献程度，设计一套递进式的激励机制，工作时间越长、业绩越高、贡献越大的教师年度收入水平按一定比例递增。相反，随着时间的推移，工作业绩和贡献水平有所下降的教师，则应按一定的比例降低其年度收入。这样才能促使学校的教师队伍不断优化，不努力上进的教师逐渐被淘汰。

3. 教育主管部门要完善政策保障，推动民办学校进行特色建设

民办学校特色建设离不开政府的支持，其最需要的是政府将其松绑，营造一个公平、宽松、自由的环境来创建特色，激活其体制机制优势，使特色成为教育改革和创新的重要动力。但目前的政策环境不太理想，除上述的教师政策不公平之外，民办学校的办学自主权仍然没有很好地落实。譬如，民办学校在特色课程设置、实施、评估等方面，自主权仍有待提高。另外，目前各地教育行政部门对民办学校的年度检查评估，只是对民办学校进行常规"体检"式的检查，检查标准过于笼统，没有给学校特色创建应有的重视。例如，在《湖南省民办学校年度办学情况检查细则（试行）》中，办学特色没有独立进入指标体系，而是只在指标体系的附加部分——"奖励与处罚"中规定：教育投入加大，办学特色鲜明，科研成果显著，社会反响好，适当加分。这样就难以激发民办学校特色创建的积极性和自觉性。

应通过以评促建的方式，发现与检查学校特色建设中的不足，总结特色建设中的成功经验，提出有效的修正措施，使学校特色建设沿着健康、可持续的道路前进。衡量一所学校是否有特色，特色是否有生命力，最终体现在所培养的学生身上。

第二节　民办中学教师队伍建设

四十年来，我国民办学校迅速发展，为国家和社会培养了大批优秀人才，

满足了社会对高质、有特色、多层次的教育需求，民办教师作出了重要贡献。但民办学校在队伍结构、人才质量和稳定性等方面存在问题，导致民办学校教师队伍建设工作相对薄弱，学校的持续发展受到限制。因此，民办学校要高度重视员工激励、教师专业发展策略的探索。

一、民办学校教师队伍建设中的问题

与公办学校相比，民办学校有着普遍的特殊性，要抓住民办学校的特点，认清民办学校教师所面临的体制环境以及由此带来的教师发展困境，有针对性地制定策略，才能保证教师队伍的稳定和发展。

1. 民办学校的性质，面临着事业公益性与市场激励性的矛盾

《民办教育促进法》将民办教育事业定性为公益性事业，学校应该把培养人、发展人作为首要目标，要时刻遵循教育规律和青少年身心发展规律，更多地关注教育对象，为国家和社会培养具有健全人格和现代素养的人才。但是另一方面，我国当前民办学校投资人的投资意图，除实现教育和培养人才的目标外，更多关注赢利目标的实现。"十年树木，百年树人"，教育应努力避免短期行为，但是投资方过度关注赢利情况，使学校资金用途不能倾向于教育教学及教师的发展与福利待遇。伴随着招生规模的扩大，生源质量难以保证，却要在教学质量特别是分数的竞争中脱颖而出，学校管理者和教师必然会有更多的工作量和更大的工作压力，在此情形下，要么难以保证工作质量，要么滋生职业倦怠感，部分青年教师逐渐远离教育理想，产生离职换岗的念头。

因此，首先应端正民办学校举办者和管理者特别是举办者的办学思想和教育观念，把培养人的功能放在首位，在专注培养目标的基础上，努力把学校办出质量、办出特色，从市场中获取合理回报。

2. 民办学校的工作中心，面临着招生中心和教学中心的选择

民办学校由于体制与生存发展的需要，工作中十分偏重招生，许多学校甚至把招生作为学校工作的中心，将大量的人力和资金持续投入到招生中，校长、中层干部和全体教师都肩负招生带来的各项任务，时常为招生宣传和招生活动加班加点，分散了教育教学研究的精力，冲淡了教育教学中心工作，导致学校教研氛围不浓，教师专业发展受限制。

因此，民办学校举办者应遵循教育规律，看到教育行业的特殊性，将教育资金的回收与营利周期尽量放得长远。民办学校应扎实地立足于提升教育质量，注重教育质量和市场特色，形成自己独特的办学风格，不盲目扩张。"桃李不言，下自成蹊"，民办学校应以教育质量和教育特色赢得社会声誉和优质生源。同时，投资方、举办方应以提高学校教育教学质量服务为己任，为学校提供专业的宣传、活动策划、营销，建立招生及学校宣传的专职团队，提升学校知名度与美誉度，使得校长和教师能够专注于教育教学，使校长与教师的精力投入于学校培养对象和培养目标的实现。

3. 民办学校还面临着学校办学自主权和董事会对学校的控制权的矛盾

民办学校相对于公办学校的优越性之一是有着更多的办学自主权。这也是民办教育促进法赋予民办学校的神圣权利。但在学校的实际运营中，往往受到举办方特别是企业投资方的限制，教师甚至校长都无法在董事会决策中产生真正的影响力。因此，民办学校普遍存在着财务和预算决策不透明，资金不能被合理运用于教师发展和学校发展，甚至被投资方乱用、挪用等问题。教师工资奖金增长缓慢、教师培训和团队训练资金受限，各项特色教育、校本培训和课程缺乏资金支持等，削弱了教师对校长和学校发展的信心，使教师产生离职跳槽的念头。

教师是学校的利益相关者，他们的智慧是促进学校发展的重要动力，如果在学校利益决策中，教师被冷落，必然会降低其工作积极性，不利于教师队伍的稳定和发展。民办学校举办者和管理者，应充分肯定教师的主人翁地位，健全教代会制度的同时，可以尝试让教师代表进入校董会，在学校重大发展决策中给予教育者一定的权力，促进学校资金的合理预算和正确使用，实现学校各项决策民主化。

4. 公办、民办编制教师差异给民办学校教师带来的失衡

《民办教育促进法》明确规定："民办学校教师、受教育者与公办学校教师、受教育者具有同等的法律地位。"但现实中，民办教师在工资补贴、职称晋升、评优评先、进修培训、退休待遇、子女入学等方面与公办学校仍有较大差距。在公办、民办两种编制并存的民办学校，可以更直观地感受到两者的差距。同是教育主力军，民办教师不能与公办教师"同工同酬"，没能享有同等福利待遇和社会保障。随着各地政府越来越重视教育，近年来对公办教

育的投入迅速增加，公办学校的教师待遇普遍提高，但是在民办学校的办学效益没有明显提升的前提下，民办教师与公办教师各方面的差异也会逐渐扩大。这种物质待遇、社会地位等方面的落差，增强了民办教师考入公办编制跳出民办体制的愿望和迫切感，不利于民办教师积极性的发挥。因此，除了民办学校自身去努力做好教师队伍的稳定和建设之外，全社会应关注这一现象，特别是政府应出台相应管理方案，促进民办学校举办方给予教师与公办教师同等的工资待遇和退休待遇。有条件的地方政府逐步给予优秀民办教师薪酬补贴和退休福利补贴；政府组织不同体制间进行资源交流，民办教师到公办学校跟岗、任教，公办学校教师到民办学校支教、帮扶；教育行政部门为民办教师提供外出交流培训的机会和名额，给予适当的经费支持；对于教师待遇和专业发展做得出色的民办学校举办者给予更大的税收优惠力度，对规范的优质民办学校加大财政资金的奖励和扶持力度，给予民办教师政策层面的信心，促进民办教育事业的可持续发展。

二、民办学校教师队伍建设的激励策略

1. 薪酬待遇和员工福利、退休福利一直是员工激励的基本条件

要稳定教师队伍，民办学校应该使教师收入达到或超过所在城市的人均工资水平，工资晋升机制也应与当地公办学校工资晋升政策挂钩，在保有相对稳定的工资水平基础上，增强教师对工资收入的上浮预期。同时，学校应严格按照国家有关政策为教师购买"五险一金"，有条件的民办学校还应该建立年金制度，消除教师对于退休生活保障的顾虑；积极帮助解决教师家属就业、子女入学问题；创造条件改善教师的居住与办公条件等。

2. 增强教师职业安全感，是激励教师稳定和发展的重要砝码

教师需要得到工作职位保障，这要求学校必须有清晰明确的岗位职责和职业规范，做好职业规范引导和岗位责任指引、严明职业纪律和各项处罚规定。特别要求民办学校领导者和管理者，坚持以人为本、依法治校，避免根据个人意志进行管理的主观随意性，保证学校管理的稳定性、连续性、科学性、法制性，不因领导人频繁变化而变化。在此环境下，教师个人要明确并牢记职业底线和道德底线，并通过坚守底线和职业操守，保证自己的职位安全。学校应建立与优秀员工的长期合同签约制度，建立民主科学的职务晋升

机制，各类职位的升迁通道与人才的选拔要求要明确、清晰，选拔任用干部时做到任人唯贤。只有给予员工发展的正常通道，才能增强教师的职业安全感，维护教师的稳定发展。

3. 关注情感、社交需要，提升教师职业归属感和尊严感

根据马斯洛需求理论，人有对组织隶属关系的追求，都希望得到关心和照顾，得到友情、爱情，能感受到身边人的关怀，这些均属于人的归属感的需要。但由于民办学校的用人机制灵活，部分员工存在临时性打工心态，这种流动性状态，使得民办学校团队凝聚力与教师归属感的形成显得更加迫切，也更具有挑战性。所以，民办学校应比公办学校提供更多的适合同事间社交往来的机会，支持教师间建立和谐温馨的人际关系。通过各种专业研讨以外的群体社交活动，定期开展有组织的体育比赛和集体聚会。

4. 建立合理的分配制度

收入分配的公平性，有赖于系统薪酬和绩效奖励方案。民办学校必须充分发挥教代会民主管理的作用，科学制定出适合市场原则和学校实际的、能最大限度公平体现出不同劳动数量和劳动质量的教师薪酬奖金体系，并严格以考核数据和过程考核记录为依据，实现收入相对公平的分配。

5. 创造条件给予教师职业成就感，引领教师自我实现

如果员工有强烈的自我实现的需求，就不再需要外界强制管理和过多激励，其个人追求和信念将成为其工作的内驱力。所以，在其他需求层次均能得到相对满足的前提下，学校管理者必须创造一切条件，培养和发展教师的特长，提供更多的平台，帮助教师成名成家。如保障教师培训和进修的时间与经费，多角度、多元化评价教师价值，扩大奖励范围，提高奖励频率，为有能力有实力的教师争取更多的参赛机会和展示机会等。给予教师深刻的成就感，可大大减少民办学校教师流失的状况，从而保持队伍的相对稳定，使管理更加高效顺畅，甚至逐步实现"无为而治"。

第三节　民办中学年级组建设

——以广东实验中学南海学校为例

作为一个学校教育教学决策的执行机构，年级组被赋予了越来越多的新功能和使命。对学校和主管处室而言，年级组是一个执行者；对班级而言，年级组是一个管理者；对年级老师而言，年级组是一个组织者；对学生而言，年级组是一个督促者。不同的功能形成了年级组工作的特点，即上传下达、组织管理、协助协调。因为年级组处在教育教学第一线，面对着各方面的利益要求，应对着各方面的检查评价，处理着各方面的具体问题，工作琐碎，牵扯面广，头绪繁杂，有时处理一件事费神费时，效果并不见佳。当然任何工作干起来都不是一帆风顺的，唯其艰难，更需要有科学的方法，年级工作也不例外。

一、方略一：年级组建设目标要高远，要有三年规划意识

干任何一件事情都应有一定的目标，常言道"人无远虑，必有近忧"，年级工作也是如此。虽然一个年级从组建到完成其使命仅仅需要三年时间，但这三年对于一个学生的成长而言是极其重要的。经过三年的努力，要达到怎样的水平，实现怎样的目标，为实现这样的目标，应该分几步走，这些都是年级组创建之初目标管理工作上首先应该思考和回答的问题。制定这一目标，目光应放得远一点。

年级组目标的制定应分三步走：第一步，制定年级组三年工作总目标。第二步，按初中三年的自然划分，制定年级组学年阶段性目标。第三步，制定年级组每个学期的阶段目标。这些目标的制定从宏观方面而言，要遵照国家的教育方针，遵从学校的教育教学总目标；从微观方面而言要根据年级学生的特点来制定。

1. 制定年级组三年工作总目标

任何目标都是在具体的情境下制定的，这些情境包括学校近期的教育教学总目标、学生入学的成绩情况、师资力量等，而且实现一个目标受到诸多

因素的制约，教育教学只有在众多力量平均发展下，才能达到预期效果，所以制定目标必须符合实际。如广东实验中学南海学校 2009 年 9 月入学的初一新生，生源不太理想，组建两个实验班都有些困难，教师队伍以年轻老师为主，刚毕业的大学生占了相当的比例。面对这样的实际情况，年级组在创建伊始制定三年工作总目标的时候，提出了"养文明之气、培优质之学、育和谐级风"的奋斗目标，中考成绩要实现"低进高出，高进优出"的目标，力争成为佛山市南海区民办学校第二名。三年的年级组工作基本上就是围绕这一目标展开的。

2. 制定年级组学年阶段性目标

围绕"养文明之气、培优质之学、育和谐级风"这一总体目标，坚持"激扬学生生命，引领孩子成长"的教育理念，从初一到初三每个学年各有侧重，制定了学年阶段目标。

初一： 以"激发成长意识，规范文明行为"为目标，以"培养学生有明确的学习目的，有良好的行为习惯和学习习惯"为支点，提高全体学生遵守生活秩序和学习秩序的自觉性，促进学生良好的学习习惯和生活习惯的形成，培养学生喜欢学习、热爱学校、关注社会的良好品格。

初一学生一入学就坚定不移地抓养成教育。从学生的一言一行一衣一发入手，抓学生的行为习惯、卫生习惯、礼貌习惯、学习习惯等"十大良好习惯"的养成教育，并申报了校级课题《初一年级学生行为习惯培养的研究与实践》。年级全体老师参与课题研究，在教育教学实践中初步探讨出培养初一年级学生形成良好的学习习惯和日常行为习惯的教育策略，并形成了相对稳定的学生教育管理制度。

初二： 巩固学生的德育成果，以"审美情趣、责任意识的提高"为目标，以"自爱、自强、勇于创新的品质的培养"为支点，重点进行以"感恩""高效专注学习"等为主题的一系列感恩教育、学风教育以及目标教育，增强学生的审美能力，培养学生的责任意识和自我管理、自主教育的能力。

经过初一一年的教育，学生已有了较好的行为习惯、淳朴的思想以及严谨的学风，并且有一定的稳定性，所以初二阶段主要是巩固。针对目前中学生内心缺少信念、比较自我这一特点，年级通过开展目标教育来帮助学生树立远大志向，通过感恩教育引导学生关爱他人、理解他人进而关爱社会。

目标教育分班级目标和个人目标，建立成长档案，阶段性进行小组评价，以促进目标的达成。年级要求每个班级都要有班级目标，并且将班级目标做成展示牌，悬挂在教室门口，一段时间后年级组会检查各班目标达成情况，对实现目标的班级进行表扬奖励。

初三：以"人格健全、个性发展"为目标，以"良好的心理素质及个性的培养"为支点，旗帜鲜明地抓理想信念教育、爱校教育、吃苦精神教育、心理健康教育，鼓励学生练就过硬本领，使学生初步形成较强的责任感、使命感和个性人格。

理想信念教育：以"勤奋创造奇迹，成功来自努力""知识改变命运，奋斗成就未来"等来激励学生，促使他们树立信心，鼓足勇气，最后冲刺。以年级、班级、小组为单位，开展中考百日宣誓大会、读书征文、主题班会、演讲、墙报等活动。

爱校教育：利用各种形式宣传学校的光荣传统和辉煌成绩，要求各位老师发自内心关爱学生，让学生对广东实验中学南海学校产生归属感和自豪感。加强对优秀学生的思想教育，激发这部分学生勇于拼搏、为学校争光的意识。

吃苦精神教育：使学生意志得到磨炼。

心理健康教育：培养学生用"五心"来对待毕业班生活，"五心"即信心、恒心、关心、开心、平常心。

3. 制定年级组学期阶段性目标

学期任务是实现总目标的基础，它要具体可操作，有计划，有主题，可以保证取得预期的效果。任何计划的制订，都要提前进行调查研究，了解学生的现状和心理需求，然后再选择有针对性的主题，目的性强、把握性强，效果就相对好。

二、方略二：年级教师队伍管理工作要有所为和有所不为

年级组的工作定位之一是组织者，所以在年级教师队伍的管理和建设工作中，要有所为，当然还应该有所不为。

哪些是属于有所为的工作呢？集思广益，确立年级组三年发展目标；群策群力，制订年级组工作计划；督促检查，确保年级组计划落实到位；赏识教师，发挥教师的主体作用；勇挑重担，教育个别棘手学生。这五个方面的

工作，是年级组长必须有所作为的工作。

比如在赏识教师方面，年级组长要多对老师进行表扬甚至赞美，这种表扬不仅仅是停留在口头或平时，还要经常在年级教师会议上公开表扬表现优秀的教师，在学校领导面前表扬年级老师，甚至在校刊校报上写文章赞扬年级老师。

当然，年级教师队伍的建设与管理工作不仅仅需要表扬，该批评的还是要批评，该指正的还是要指正。但一定要注意方式方法，从工作出发的同时还要从教师的角度出发去批评。年级组长批评老师，主要基于以下原因：①工作态度不认真，对学生不负责任；②工作中违反教育教学规律；③太强调自我，缺少团队合作意识。

有所为有所不为，这里所说的有所不为并不是无所作为，而是有所放手，近距离地协助或指导，把工作的主动权交给具体的执行者，让他们在工作中发挥自己的智慧，积累工作经验，获得自主工作的感受，增强工作的信心。这主要表现在班主任和任课老师的教育教学上。如班级工作，其工作的主体就是班主任，不论年长者，还是年轻者，年级组绝不能越俎代庖。每个班主任都有自己的工作经验和方法，他们运用自己的智慧、经验和勤奋形成了独特的班级管理风格。年级组长对一些年轻班主任除在方法上指导以外，要尽量给他一个探索的机会，容许他们在工作中有不同的见解，以近观的方式观察工作运行的全过程，对出现和学校或年级工作要求相左的现象，及时指出，及时纠正，以保证学校决策的顺利落实。除对班主任的工作给予协助外，还要加强教学工作的管理，一些青年教师由于经验不足，难免存在一些问题，只有及时指出才能更好地改正。所以年级要把青年教师的成长作为重要工作去抓。

年级还要定期召开会议，就一些突出的管理问题展开讨论，集思广益，以求得解决问题的办法。除此之外，对一些学习基础差、道德品质不良的学生，年级组长要协助班主任进行教育，并且根据情况及时处理，有效地配合班级工作。

总之，年级组长在教育教学管理工作上要充当好指挥者、协助者的角色，为年轻班主任和任课老师的成长创造条件。

三、方略三：年级组日常管理工作要务实

务实是年级工作取得实效的前提，对整个年级进行管理，在细上做文章，在勤上下功夫，最忌做事飘浮，做表面文章。比如制定年级教学管理措施就要务实。

学生在校期间的学习习惯培养，主要是通过学习的每个环节来落实。为了培养学生良好的学习品质和学习习惯，我们制定了一套易于操作并且卓有成效的管理制度。主要内容如下：

1. 课前准备要有条理

语文、英语、政治、历史、生物、地理课开始前预备铃响起后，由科代表带领全班同学诵读本学科内容（课前读书情况纳入文明达标班的评比），其他学科则由各备课组长统一酌情安排。

各班指定 1~2 名同学（可由值日班干部或科代表兼任）负责在老师上课前擦拭黑板、整理讲台，特别是要逐一检查全班同学学习用品的准备情况，课前准备未做好的班级当次课的课堂评价不能评为"优"。

除了值日班干部与带读的科代表外，所有同学务必在上课铃声停止之前回到自己的座位上坐好，否则一律作迟到处理，并由上课老师进行适当的惩罚。

2. 课堂表现与作业情况要及时反馈

年级倡导同学们积极、自主、专注、高效地进行学习，例如制订切合自己实际情况的学习目标和计划；课内紧跟老师的教学思路，提高课堂效率；当天的作业当天完成；主动开展提升自己或查漏补缺的学习活动等。

凡是课堂表现出色（认真听讲、积极发言、善于反思和归纳等）者将受到公开表扬，并获得年级印发的"表扬信"；而扰乱课堂纪律、分神现象严重的同学，科任老师可以采用第一次口头提醒、第二次登名警告的方式进行管理（发年级印发的"温馨提示"单），第三次违纪者将受到年级的公开批评的惩罚（发年级印发的"批评信"）。

为了保障同学们自主学习、发展有益的兴趣爱好，以及加强锻炼、强健体魄的时间，学生处配合教学处，要求年级对各学科的日作业量进行调控。常规书面作业量的具体安排听从教学处的规定。一旦出现中等程度的同学普

遍感觉作业量超负荷，科代表和学习委员可找科任老师商议进行调整，情况严重可向年级投诉。

凡是要求在自习课晚修下课即交的作业，科代表要在放学前将作业和统计出的缺交名单交给科任老师，因基础薄弱而无法在指定的时间内完成作业的同学可向科任老师申请减少作业。

3. 自习课要自主学习

自习课和晚修课为自主学习时间，年级有统一安排的除外。自习课、晚修课科任老师不能到班讲课或进行其他影响学生自习的活动，自习课、晚修课结束之前科任老师不能开广播叫学生来办公室，在教室自习晚修的同学也不能擅自离位，自习课监督员要认真负责地坚守岗位。各班自习课和晚修课由班主任统筹协调给各科完成当天的作业，轮到哪科，该科科任老师可在不影响班级其他同学的前提下进行个别答疑。

四、方略四：年级学生工作要敢于"容错"，学会帮助、学会等待

"勇挑重担，教育个别棘手学生"是年级组长必须有所作为的工作，但面对晚熟生的教育，我们必须有一个系统的思考，否则只能是头痛医头、脚痛医脚，天天充当消防队员的角色，并且效果还不好。

年级组长首先要考虑的是如何减少"问题学生"的数量，还要考虑如何帮助"晚熟生"尽快成长。

1. 教育的核心是帮助，不是命令，不是要求

但丁说过："你的爱像阳光一样包围着我，又给我光辉灿烂的自由。"这句话对教育者有很大的启发。作为教育工作者，对学生要有爱心，同时要给学生心灵的自由。教育的核心是帮助，不是命令，不是要求。作为一名年级组长，无可避免地要面对班主任一时教育不了的棘手学生。对于这些特殊学生，除了按照校规校纪进行处理外，更多的还是要帮助其成长。

2. 我们要敢于"容错"，因为教育是一种温暖的等待

对于未成年的学生，我们要"容错"。北京人大附中西山学校著名特级教师王君说："容错"是一种教育文化，即我们要理解孩子犯错，甚至要创造机会让孩子犯错，让他在错误当中去认识生活，认识自我，然后自我矫正，逐

渐形成健康的人生观、价值观。其特点有三：第一，相信人人生而向善。第二，相信觉悟成长是个体生命的本能。第三，相信自我教育才是教育最核心最纯正的力量。

如果有了以上的"相信"，"教育"便不再单纯是一种矫正和塑造，而是一种帮助和引导。"雷厉风行""疾风暴雨"似的发现问题、处理问题就不再是教育的必须，教育是慢的艺术，教育是"难得糊涂"，教育是"容错"，是"用错"，教育是一种温暖的等待——这是教育的胸怀，更是教育的境界。

第四节　民办中学班级管理模式建设
——以广东实验中学南海学校为例

我国的民办教育迅猛发展，但部分地区民办中小学在管理理念、师资力量、办学实践等多方面都存在不足。民办学校的生源是由富家子弟、外来务工子女等组成的特殊群体，这使民办学校的班级管理困难重重。针对这样的特别班级，广东实验中学南海学校进行了班级管理模式特色建设的探索：建设温馨和谐的"家"文化，推行自由民主的自治管理，开展合作开放的家校合作。

佛山市南海区的民办中小学因为有了崇文重教的南海区政府的大力支持，近十年来迅猛发展，民办中小学校有几十所，升学率普遍比公办学校高，但仍存在着教师流动性大、学生两极分化严重等诸多问题。

一、民办学校的生源分析

1. 富家子弟居多

民办初中不同于公办初中，虽是义务教育阶段，但要交高额的学费，均价在一年 3 万元左右，国际学校高达一年 8 万元左右，对于月薪几千的工薪阶层来说，这是一笔很大的经济负担，所以能来民办中学就读的学生大部分家庭条件优渥。一些孩子大多生活自理能力差、攀比心较重、缺乏吃苦精神、劳动意识淡薄、缺乏责任感等。

2. 外来务工子女居多

外来务工子女因没有佛山市户口，无法获得公办学校的学位，所以大都会选择来民办学校就读。以广东实验中学南海学校初二（3）班为例，全班41人，佛山市本地居民不到15人，市外乃至省外人口占大多数，有一部分已经通过买房等途径获得佛山市户籍，但是外地户口仍有十几人。虽然学校极力推广普通话，但是广东省内学生喜欢用粤语进行交流，外地学生多是不会说甚至不会听，同伴间最基本的交流就会产生障碍，不利于班级和谐发展。

3. 特殊家庭学生较多

这里的特殊家庭是相对于完整、和谐的家庭而言，比如单亲家庭、父母长期在外的留守儿童、残疾人父母等。以广东实验中学南海学校初二（4）班为例，全班36人，单亲家庭5人，留守儿童2人，家里公司突然破产2人，家庭暴力1人，残疾人父母1人。这些特殊家庭的学生需要格外的关注和爱护，倘若不妥善处理，这些特殊家庭的孩子就可能产生问题行为，影响班级管理。

4. "双差生"较多

"双差生"是指学习习惯和行为习惯相对较差的学生。民办学校为了维持生计，在招生达不到预期的时候会降分补录，有的学校为了赢利，甚至无原则招收成绩很差的学生。这就产生了民办中学生基础知识薄弱、学习习惯和行为习惯不佳等问题，需要老师营造一个良好的学习氛围，使学生逐渐改掉坏习惯，提高学习成绩。

二、民办学校班级管理的困境

1. 重成绩轻德育的大环境

目前衡量一个学校主要还是看它的升学率，评价一个班主任的时候也主要看他所带的班级成绩好不好。因为评价机制的单一化，导致各学校想方设法抢优生挖优师，民办学校为了生存必须在竞争中取胜，所以对成绩更为重视。在重智轻德的大环境之下，德育更多时候只是空喊的口号。班级管理，重在激发学生的主观能动性，培养全面发展的新时代公民，为学生的终生幸福奠基，而不能仅仅为成绩服务。我们如何在重成绩轻德育的大环境中取得"双丰收"，这是每一个班主任都要去积极思考和探索的重要问题。

2. 学生管理困难重重

因为民办学校生源存在着富家子弟多、外来务工子女居多、特殊家庭学生较多、"双差生"较多四大问题，导致学生管理问题多，加之民办学校全寄宿制的管理模式，对学生的教育重担几乎都落在了班主任肩上，班级管理更是困难重重。面对"小皇帝""小公主"，加上放任自流却高期待值的父母，很多老师都在感慨"学生越来越难教了""管理学生硬的不行，软的没用"。

3. 班主任流动性大

民办教师流动性较大，班主任也就难免要不断更换。每个班主任的管理理念和管理措施都不同，频繁变换会影响一个班级的持续发展。时常换班主任的班级凝聚力不强、人心涣散，给班级管理带来极大困扰。

民办教师尤其是班主任的工作烦琐又责任重大。部分家长认为学校是服务的场所，时常把班主任当作保姆，要求多、期望值高，尤其是寄宿制学校，班主任是联系家长和学生的重要纽带，这极大地加重了班主任的工作量。

4. 班主任专业素养不高

民办学校要想取得更大的成绩，不仅需要政府的大力扶持，更需要建设一支充满热情、致力于民办教育事业的教学管理团队，培养一批属于自己学校的稳定的师资队伍，这个团队的核心就是班主任。一支具有高专业水平、高管理能力的班主任队伍，是民办学校可持续发展的基础。但民办教师尤其是班主任的工作烦琐又责任重大。公办教师下午五点钟放学后有属于自己的生活时间，但是很多民办中小学的班主任吃住在学校，从早读到午休再到晚修是全天候的工作模式。班主任每日忙得团团转，疲于应付各项工作，没有时间精力提升自己的专业素养。

此外，民办学校因经费限制，教师外出培训都要严格控制人数，能够通过培训提升自己专业素养的教师并不多。

5. 家庭教育的缺失

民办学校的家长很多是忙于工作而无暇顾及孩子才送来寄宿的，家长长时间不与孩子交流，导致亲子关系紧张。同时，寄宿制学校与家长沟通不便利，也会导致家庭教育的缺失。苏霍姆林斯基说"教育的效果取决于学校教育和家庭教育的合力"，然而寄宿制学校常常存在着"5＋2＜7"的情况，5天的学校教育加上2天的家庭教育，非但没有合力相加，反让学校教育的效果大打折扣。

三、特色建设：民办学校的班级管理模式探索

针对民办学校的诸多问题，结合班级和学生的实际情况，可重点从以下三个方面进行探索：

1. 建设温馨和谐的"家"文化

班级凝聚力和向心力是班级管理的前提和基础，学生只有在温馨和谐的"家"里才能消除彼此的隔膜，促进师生间交流。富裕家庭缺少集体观念的学生、特殊家庭缺少关爱的学生、外来务工子女有语言交流障碍的学生需要在温暖的"家"中寻找归属感，只有把学生都团结在一起，才能使班级管理事半功倍。

（1）班级物质文化建设。

班级的物质文化建设主要是班级布置，把教室的各个角落布置得温馨又美观，在外在形式上建设"家"文化。每个月的黑板报根据每一期主题的不同而变化，不变的是学生温馨的画面——班主任每个月都会把捕捉到的团结友爱的画面粘贴在板报上。班级书柜上有花草，还有鱼和小乌龟，孩子们会记录花草鱼虫的成长。班级的每一面墙壁也是"会说话"的，有班级的"全家福"，还有鼓励同伴的话，以及优秀学生作品展示。此外，班级门口的水牌、桌椅摆设、讲台的小细节等都是打造"家"文化的契机。

（2）班级精神文化建设。

班级的精神文化是一个班级的核心和灵魂，这需要营造和谐的人际关系，培养健康的班级舆论，塑造积极向上的班级精神。如有一个班级班名叫作"棒棒家"，第一个"棒"是精神文明棒，第二个"棒"是指综合成绩棒。班歌《棒棒家之歌》是根据《蓝精灵之歌》改编的："在山的那边，湖的这边有一个棒棒家，住着一群可爱的棒棒糖，他们活泼又机灵，他们团结又友爱……"用歌声强化"家文化"观念。班规叫作"棒棒家家规"，同学之间互称"哥哥""姐姐"。此外，班旗、班徽、班服都要体现"家文化"，让班级精神文化潜移默化地影响、规范每个学生的行为。

（3）宿舍文化建设。

在寄宿制学校里，学生学习在教室，生活在宿舍，每个地方都会对学生

产生重要影响。宿舍既是学生休息的场所，也是交流感情、培养友谊的空间。广东实验中学南海学校一直非常重视宿舍文化的建设，每一年都举行宿舍文化节，通过丰富多彩的活动促进学生之间的交流，如宿舍手工装饰大赛，学生把废物改造成宿舍的装饰品，节约、环保又美化了宿舍；烹饪大赛，既是孩子们动手学习做家务的机会，也是室友之间培养团结协作精神的契机；寝室"全家福"设计大赛，全寝室的同学一起将每个人的肖像画在一张纸上，并给这个温馨的家起一个名字；每周的星级宿舍评比对规范学生行为起到重要作用；每周生活老师都会打印"美文"贴在门上，供同学欣赏，寝室无形中也变成了文化传播的阵地。

2. 推行自由民主的自治管理

自主管理，是学生成长的需要，是班主任教师自我解放的需要。自主管理的前提是师生之间建立和谐融洽的师生关系。

和谐的师生关系是一种"师友"关系。但是，这种师生关系的"度"很难把握，所谓"无规矩不成方圆"。"班级公约"是营造和谐师生关系、形成师生"亦师亦友"关系的保障。自主管理的班级要制定符合自己班级发展的班级公约，这是班级自主管理的核心部分。秉承"人人有事干，事事有人干"的原则，尊重学生的选择，最大限度地鼓励学生积极参与，更重要的是，让学生在自主管理和班级自治中，学会自我管理、自我教育、自我成长、自我完善。当然，要做到这一点，必须形成"班级公约式"自主管理模式。

（1）制定班级公约。

班级公约是在征求每一位同学意见的情况下制定的。班主任可以把中学生行为守则、学校的规章制度和文明班评比的规则展示给学生看，然后让每一位学生根据这些规定和班里的情况，从作业、纪律、卫生、内务等方面提几条班规，班主任把同学们提的班规汇总，然后再举行班会进行讨论，现场商定，现场完善班规。班主任想问题的出发点和学生有所不同，由班主任单方面制定班规，难免会有忽略的地方，很多学生对班规有意见老师却不听取，久而久之，只会让班规成为束缚学生发展的枷锁。所以，这样和学生商量出来的班级公约更有群众基础，实施效果也会更好。把班会课上制定的班规打印出来，如果没有异议就签名，作为班级公约正式生成的仪式。即使经过完善的班规也是有缺陷的，所以班级公约要有一个试行阶段，可以是一周或者一个月。在试行中发现问题、解决问题，不断地修正和完善班级公约。

（2）有效实施班级公约。

班级公约实施的对象是全体同学，施行的模式是层层管理。最高层是班长，主要职责是汇总每一位班委汇报的信息，并对信息进行整理归纳，分析问题，汇报班主任。第二层是各位班委：纪律委员、学习委员、卫生委员、生活委员、体育委员、文娱委员。纪律委员负责上课和自习课的纪律，比如在自习课上有说话屡教不改者，第一次提醒，第二次记名，第三次扣分，第四次扣双倍的分，以此类推；学习委员负责早读、作业、考试的加分和减分情况；卫生委员负责班级卫生、值日、课桌和书柜卫生；生活委员负责生活区内务的纪律、卫生等；体育委员负责每日课间操、大型集会的纪律，以及体育节的报名、训练等；文娱委员负责班级板报制作和艺术节的相关事宜。第三层是各位委员的分支，即专管员。比如学习委员下面分出各科科代表，每位科代表要认真收发作业，及时把作业加分减分情况向学习委员反馈；卫生委员下面设有图书管理员、桌椅管理员、讲台管理员、地面保洁员、用餐管理员、花草守护者等专管员；生活委员下面分出各寝室的寝室长，寝室长要负责每个寝室的卫生和纪律，及时把当日情况反馈给生活委员。这样可以让更多同学参与到班级的管理中来，人人都是管理者，人人也都是被管理者，职位无大小之分。这样可以避免一人独揽专权，大家互相监督互相合作，各尽其职，保证班级各项公约有效执行。

班委、科代表等职务的任命不是班主任内定的，而是学生自定的。每位同学都在职务表中寻找适合自己的职务。如果一个职务有超过两个人报名，采取竞争上岗制，每位候选人有一周的考核期，一周后同学们公开投票，决定最后人选。每一位经过考核的同学在上岗前都要签订一份职务聘书，作为正式任命的开始。"水可载舟亦可覆舟"，如果在职期间，接到十名同学以上的联名举报或反对，此同学要被停职，需要解释、反省，若确实没有问题可以重新聘任，这样的民主监督制度可以让班委有危机意识，有利于班委不断提高工作质量，更好地为同学服务。

（3）进行班级公约评比。

班级公约的考核采取量化方式。班级公约的制定中已经明确指出违反规定要扣多少分，突出表现加多少分，所以在公约实施中，各位管理者要严格执行量化考核标准。公约每周进行一次评比，选出周冠军、亚军、季军，每个月进行一次汇总评比，选出月冠军、亚军、季军，评比考核的结果将作为期末评优评奖的重要依据。每一次的评比都分为三个方面：自评、班委评、家长评。自评，即每位同学按照班级公约的各项规定给自己量化打分；班委评，即班委根据周一至周五的表现累计得分；家长评，即学生周末在家时，家长按做作业情况、做家务情况、作息情况、上网时长等情况进行打分。评比在每周日晚自修进行。

如果只是量化考核很难让学生有动力去竞争，所以适当的奖惩是十分必要的。每周的前几名可以得到表扬信，三张表扬信可以换取一张心愿卡，心愿卡上有很多选项，比如自由选座位、请吃饭（食堂）一次、减免语文作业一次等，若班主任提供的选项无法满足心愿，也有一个空白处供学生填写，班主任在可以实现的情况下尽量满足。同样，每周不达标者要发一张"温馨提示"单，周五带回家签名，三张"温馨提示"单换一张"响鼓还需重锤敲"单，两张"响鼓还需重锤敲"单要约谈家长共同教育。为了鼓励学生积极上进，一张"表扬信"可以抵消一张"温馨提示"单，但是这封"表扬信"的日期要在"温馨提示"单日期之后。

（4）小组合作促进班级公约落实。

班级公约的实行是一种外在的约束，可以培养学生的竞争意识，但是仅仅依靠公约的约束不利于培养学生的合作意识，所以还要同时实行小组合作制度。每周的评比有个人单项奖和小组奖，每一个小组成员的平均分是小组最后得分。小组合作在遵循自愿组合的前提下，自选组长，自命组名，自定目标。这样的模式有利于学生之间相互提醒，相互监督，共同进步。

3．开展开放的家校合作

传统的班级管理，给家长参与的机会很少，多数是老师有需要才发通知，家长配合老师做事，在老师没有需要也不发布班级消息的时候，家长对孩子的情况一无所知。于是担心孩子的家长就会主动参与，成为老师眼中的"干涉政权"。

我们可以试着转变工作方式，变被动问询为主动沟通，变被动配合为交流合作。

（1）家委会，变老师命令为家长号召。

家委会，是由家长自发组织的为班级发展出谋划策的群体组织。家委会方便家长了解和监督学校工作，配合和支持老师工作，确保教育渠道的畅通和教育资源的有效利用，以便更好地培养和教育学生。

家委会是学校、家庭、社会有机结合的纽带和桥梁，在实践中显示出强大的生命力。同样一句话，老师说是命令，家长说就是号召，而且更有感召力，效果更理想。家长们站在同一战线上，共同为班级发展出谋划策，为孩子成长尽心尽力。

（2）学生桥，变误解矛盾为理解支持。

家长对学校对老师的了解多数出自于孩子之口，孩子的一面之词很大程度上决定着家长对老师对学校的看法。要努力让学生成为家校沟通的桥梁，让孩子成为学校的代言人。孩子开心，家长放心；孩子成长，家长鼓掌。

可运用多种方式加强家长对学校的了解，比如，学生每日在家长微信群发布班级新闻、班长定期打电话给家长汇报学生情况、每次家长会印发班级报纸、每学期期末把班级日志装订成册发给家长、制作优秀作品集……信息发布尽量做到全方面涉及（学习、生活、活动、比赛……）和全员发布（每个学生都是小记者）。多种渠道发布班级消息，让家长全方面了解班级的发展和孩子的成长。因为了解，所以理解；因为理解，所以没有误解。

（3）茶话会，变个别交流为家长沙龙。

与家长沟通的地点，通常都是选在学校的接待室或者老师的办公室，家长接到老师的邀请总是惴惴不安，做好充分的心理准备等着老师告状。老师们大多是等到问题冰冻三尺了再去请家长来学校谈话，报忧不报喜，这样的形式使家长们怨声载道，老师们也是苦不堪言，"病了再医治"的效果并不理想。

班主任可以换一个地点，约几个问题类似的家长一起茶话闲聊，共同为孩子的成长点一盏心灯。同样是沉迷网络的学生，家长们聚在一起有共同的话题，说出彼此的心声，一起想办法解决问题，最重要的是，专题式的茶话会，不但一次性解决几个孩子的问题，而且这样的形式更容易让家长们放松身心，在轻松的氛围里打开心扉畅所欲言，问题也在看似闲聊中迎刃而解。

班主任可以换一下对象，不一定要老师指导家长去做，可以让优秀家长给晚熟生的家长传经送宝。很多老师没有孩子，没有家庭教育的经验，书上看来的方法总有种纸上谈兵的无力感，对家长没有说服力，更没有指导意义。但是优秀学生的背后可能有一个优秀的家长，有一套成熟的教育理念和教育方法，这些优秀家长的教育方法比书上的教育方法更有针对性，更适合孩子们。请优秀的家长给晚熟生的家长传经送宝，既是对晚熟生家长的指导和敦促，也是对优秀家长的肯定和鼓励，更是减轻老师工作压力的好办法。

第五节　民办中学学科组建设

——以广东实验中学南海学校初中化学学科为例

民办中学是民办教育中的重要组成部分，民办中学学科组建设的整体水平是影响民办中学竞争实力的核心要素。

由于初中阶段的化学课程仅在初三开设，任教初中的化学老师将年复一年地教授初次接触化学课程的毕业班学生，同时还面临着中考升学压力，而升学率和升学成绩是评价民办中学办学质量的关键指标。鉴于初中化学教师教学工作的特殊性，如何打造稳定高效的学科教师团队是民办中学办学的重要任务，也是亟待研究解决的重要现实问题。

一、政府部门层面

政府相关部门应增强对民办中学教师的支持力度，在民办中学教师的户籍迁移、住房、子女就学等方面，配套与当地同级同类公办学校教师同等待遇的政策文件，为民办中学教师的继续教育培训、教研科研创新等提供专项经费资助，为教师专业发展提供基本保证。教育部门应针对民办中学教师在资格认定、职称评审、进修培训、课题申请、评先选优、国际交流等方面的问题，落实与公办学校教师同等待遇的政策措施，促使教师专业发展制度化，加强监督与落实，切实扩展民办中学教师职业发展的空间，助推民办中学建设稳定的教师团队。政府部门的重视和工作实效也有利于正确引导社会群众对民办中学教师的信任和尊重，消除民办中学教师的疑虑，建立起平衡的教育生态。

二、学校层面

实施灵活科学的管理措施。积极探索有利于教师团队建设的组织结构和管理模式，创建良好的环境，促进教师团队对学校建立起信任感，便于协调团队内部建设活动，保证教师教学目标和教育行为一致。深入了解教师的问题和困难，重视解决教师提出的合理诉求，优化教师团队结构，建立一系列促进教师形成强烈归属感和责任感、提高教师团队核心竞争力的激励机制。例如在节日期间向长期分居的家属表示慰问，组织年轻教师联谊等。

建立和完善化学学科组织培训制度，开展校本培训、校本教研、各类培育工程，以及建立"请进来、走出去"的模式，聘请化学教学名师和化学特级教师组成指导团队，多途径提升教师的化学专业素养。以现有教育教学工作为基础，寻求初中化学学科与其他中学的结合点，进一步组建跨学校的教师团队，形成网络状的教研结构。例如邀请教研员进班听课、课后评课磨课；与兄弟学校优势互补，建立"化学共同体"。

充分挖掘青年教师的创新潜能，鼓励教师形成自己独特的教学风格，培养教师化学教学科研创新能力。结合化学实验操作和课堂复合式教学的特征规律，对教学质量进行综合监测评价。

三、备课组层面

备课组应按学校的战略定位、教师团队的精神价值追求、学生生源的组成状况和家长的期望，凝练成化学备课组的教育理念和教学氛围，形成民办中学独有的化学教育体系，引导与规范初中教师团队的教育行为，推动教师个人与备课组协同发展。在备课组长带领下，以提高化学教师多元化综合能力为目标，通过新老教师结对子、轮流负责组织备课组主题活动、与校外名师定点交流等方式提高备课质量。围绕化学教学单元、化学知识体系、化学专项考试训练等教学内容组织备课，从知识背景、化学学史、知识应用实践、实验操作教学、习题训练、科技创新特训、考前辅导、阶段总结等教学关键环节开展研究讨论。以制度为导向，在化学实验演示过程、创新性教学、探究式教学等方面，建立和完善教师化学实验教学能力评估措施。注重组织教师团队参加各级化学教学技能竞赛、申报各类教学教育研究项目，促进教师团队整体创新素养的提升。

四、教师个体层面

教师强大的内驱力是自身成长的源泉，教师个体能力提升可以实现学科组的共同发展。教师个体应将职业能力和素养提升融入日常教学活动当中，培养职业自信。要加强化学教育理论学习，以适应国家新课程改革、学校教育教学改革等的要求。深入了解民办中学学生的成长特质和学习能力，关注学生化学思维和科学素养的全面发展，研究实施不同类型的化学教学策略、教学方法和课堂组织模式。加强化学实验教学基本功训练，提高实验教学技能，引导学生自主探究，体现实验活动情景，激发学生的化学学习兴趣。灵活利用多媒体教学设备，在课堂上向学生展示一些有毒的、危险的或化学反应装置比较复杂的实验，使化学实验教学手段多样化。通过参加各级化学教学技能竞赛和化学教学研讨会等方式进行交流与合作，争取使自己的教研水平得到同行认可。在参加各类化学教学、科研和培训活动过程中，坚持运用新理念、新思想、新方法，融入个人经验和反思，努力实现自我超越。

第六节　民办中学后勤管理建设
——以广东实验中学附属天河学校、顺德学校、南海学校为例

后勤工作是学校工作的重要组成，是教育工作的基本保障。民办学校的后勤管理，有别于公立学校。做好民办学校的后勤管理，对保障学校教育任务的完成，不断提高办学经济效益和社会效益，有着重要的意义。广东实验中学近 10 年，一共创办了 3 所民办学校，对后勤管理研究进行了有益的尝试和探索。

一、完善和健全后勤管理体系

办好一所民办学校，关键是理顺各种关系，明确各机构的职责。民办学校一般都是实行董事会领导下的常务校长负责制，常务校长在管理过程中享受充分的办学自主权。民办学校后勤管理主要抓两个方面的工作：

一是把握大方向。把研究、决定后勤管理的重大改革措施列入重要议事日程，总务处主抓，联合教育公司促进具体工作的落实。总务主任要经常深入过问后勤工作，要做到情况明、对策准、效果好。

二是任用好职工。要选派敢管理、善管理、思想好、专业好的同志担任总务处的领导，并要具体落实好保安组、清洁组、水电空调组、维修组等的组长具体负责各组的工作。所有工作人员都要大胆工作、团结协作，有效地推动各项工作的有序完成。

二、加强和提高后勤人员思想素质

（1）加强后勤人员的思想政治学习，提高后勤人员的思想政治觉悟。进一步加强后勤人员的职业道德建设、能力建设、作风建设和廉政建设，引导后勤人员努力改进工作作风和服务方式，不断提升自身的思想道德、工作能力和工作效率。

（2）学习借鉴先进的后勤管理工作经验，进一步增强后勤人员履行职责、优质服务的自觉性；进一步激励全体后勤人员增强责任感和使命感，努力推进后勤工作有效开展。

（3）培养后勤人员吃苦耐劳、任劳任怨的精神，使后勤人员树立风雨同舟的合作意识、永不满足的创新意识、校荣我荣的主人翁意识。

（4）树立后勤为教学服务的思想。发扬"服务、规范、民主、高效"的工作作风，进一步健全总务人员的岗位责任制，从学校工作需要出发定岗、定责，使每一个人都明确自己的工作岗位和工作职责，做到事事有人管、事事有人干、事事有落实。

三、建立健全后勤管理制度

近年来，学校已建立了《岗位责任制度》《财务管理制度》《财务报账规定》《食堂管理制度》《物资采购制度》《校医室工作制度》《物资保管制度》《车辆管理制度》《总务处廉政公约》等制度。制度的制定与完善，使后勤管理工作向制度化、科学化、规范化的要求迈进一大步。所有职工都有法可依，有章可循，从而最大限度地发挥工作积极性，提高工作效益，达到优质服务。同时，在制度的制定中还需要注意以下三点：

（1）订立的相关制度要符合上级文件精神的要求和民办学校日常工作的实际，也要有利于学校教育事业的发展。

（2）订立的相关制度要有利于调动职工的工作积极性，促使各项工作更加科学化、规范化。

（3）订立的相关制度要坚持原则，秉公办事。后勤工作往往涉及师生员工的物质利益，在执行制度的过程中，有时难免会"得罪"人，要坚持原则执行制度，这有利于各项工作的持久性发展。

四、推动后勤管理内涵发展

民办学校要持续健康发展，必须在财务管理方面狠下功夫。细化管理、开源节流，是学校后勤工作永恒的主题。广东实验中学附属天河学校、顺德学校、南海学校主要采取了以下措施：

（1）举办民办学校初期，清查学校财产，建立校产明细账，管理上做到"心中有数"。

（2）对采购源头和报销手续严格把关。凡学校采购必须填写采购单，由各主管领导负责签字，最后经分管校长签字后方能交由教育公司进行采购。采购来的物资，须经仓库人员入库、入校账，再由专人签字领走后专项使用。这样有效地加强了学校的资产管理。

（3）采取有效措施，节约水电费用支出。民办学校在用水用电上要制定制度，例如《教室用电管理办法》《各部门用电指标控制办法》等，并通过与物业公司签订合同约定加强值班人员的监督，及时检查学校水电的使用，并要求班主任落实专人负责。

（4）严格经费管理。经费开支要把得紧、把得严，使后勤的每一名职工都有一个"算账"的概念，每安排一项维修，每采购一次物品，都要先"算账"、先落实经费，这正是加强经费管理的目的。

通过以上的管理措施，逐步理顺原先的各种关系，真正做到开源节流，有效地提高后勤管理的绩效。

五、完善后勤管理考核办法

按照民办学校的特点，后勤岗位设置以一人多岗为原则，精化后勤管理队伍，节约不必要的开支。

完善量化考核办法，调动职工的工作积极性。每学期实行考核制度，考核采用定性与定量相结合的办法：①定性：占60分，其中学校行政评价占20分，后勤组全体人员评价占20分，本小组评价占20分。②定量：占40分，按思想品德（5分）、履行职责（10分）、工作能力（10分）、工作业绩（15分）四项进行评定，制订具体细则及实施操作办法。

实现目标管理责任制，职责分明，奖优罚懒，促进后勤管理水平和服务质量的提高。

民办学校后勤管理是一个复杂的系统工程，要加大民办学校后勤管理改革，不断理顺各方面的关系。在教育新常态下，我们要认真探索，大胆实践，充分利用信息化、物联网，使民办学校后勤管理更上一个台阶，为民办学校办出特色、创造新的辉煌作出新的贡献。

第七节　民办中学档案管理工作

民办中学是贯彻实施国家义务教育方针、政策的个体，与国家、社会和学生的利益息息相关。在学校管理和教学过程中形成的各类档案，是一种宝贵的信息资源和财富，它在学校的内部管理、教育教学和教学研究等各方面具有重要的凭证和信息价值，它的质量和完整程度影响民办教育事业的发展。因此，加强和改善民办中学档案管理工作，是依法治教需要，也是规范民办教育发展的重要手段。

一、现阶段民办中学档案管理工作现状

现阶段民办学校档案管理工作相对滞后，主要呈现以下三种状态：一是原公办中学转制为民办中学，其档案管理工作有一定基础，档案管理人员具备一定的专业知识，学校各部门档案意识较强；二是由公办中学集团化办学创办的民办中校，其档案管理工作可借鉴母校的经验，虽有各方面的不足，但初具规模，在摸索中前进；三是完全新办的民办中学，其主要精力放在教

育教学和吸引生源上，缺乏长远眼光，将档案管理工作放在极次要的位置上，缺乏档案管理经验和专业人才，档案管理呈粗放型的状态。

二、现阶段民办中学档案管理工作中存在的主要问题

1. 未建立完善的档案管理工作体系

民办中学由于对档案管理工作缺乏经验，各类档案文件材料大多散落在各处室、各部门，未能实现综合档案集中统管；学校将主要精力集中在教学业务上，对档案管理工作缺乏重视，未能有效开展对各部门档案管理工作的监督指导，未能完全建立部门立卷归档制度；学校片面追求教职工的教学业绩，未将文件形成积累和归档要求纳入教职工有关职责进行考核，未开展档案管理工作奖惩。

2. 未建立完善的档案管理制度

主要表现为：各项工作制度、管理制度及业务规范有待完善，尤其是包括档案实体分类、归档范围、保管期限等急需根据国家档案局 8 号令、财政部 2016 年新颁布的《会计档案办法》等进行规范，结合民办中学实际进行修订。未按要求制定档案管理应急预案、档案工作责任追究制度、电子档案管理制度等。

3. 缺乏档案管理专业人才

由于体制原因，我国专业的档案管理人才多集中在各级机关、国有企事业单位，与之相比，民办中学在薪资福利和职业发展方面处于劣势，因此，民办中学大多只能聘任普通文员来负责档案管理工作。普通文员具备一定的档案管理专长后，容易跳槽到待遇和发展更好的单位工作。由于档案管理人员频繁流失，民办学校不愿意投入人力财力，让其参加专业的档案管理技能培训，这就陷入了恶性循环。

4. 档案信息化水平低，档案利用效果不足，档案保管条件较差

民办中学的创办多以赢利为最终目标，这导致其片面追求短期成绩，追求社会效应以吸引生源，追求账面上的投入产出比。大多数民办中学不愿意在档案软、硬件方面有过多的投入，导致档案信息低使用率，档案保管条件恶劣，实体档案易损毁，档案信息化建设有待完善。主要表现为：大多数民办中学没有购买档案管理软件，或购买传统的单机版档案软件，而只依靠纸

质的档案目录进行查阅利用，这浪费了大量的人力和时间却无明显效果，造成档案信息低使用率。档案库房建设同样需要资金投入，部分民办中学为了节约成本，使用小面积的课室或房间作为档案库房，经过较短时间的积压，库房就饱和了，无法满足新增档案的存放需求；部分档案库房因为面积不足，无法合理划分，将办公、阅览和储存档案的区域混为一体，造成档案散溢；部分库房缺少相应的祛湿、消毒、防火、防磁等档案保护设施和技术设备，导致档案因为受潮或虫蛀而损毁。

三、促进民办中学档案管理工作的对策

1. 建立民办中学档案管理体系框架

建立民办中学档案管理体系框架，主要包含两层内容：

第一，建立档案管理工作体系。建立民办中学档案管理工作体系，关键是领导重视和责任落实，即建立学校统筹—办公室主管—各处室落实和分管校领导—办公室分管负责人—专职档案员—各部门兼职档案员的双层管理体系。切实落实档案管理工作"三纳入""四同步"，即将学校档案管理工作纳入本单位工作计划，纳入领导工作议事日程，纳入学校教职工的岗位责任制中，同时，把学校的各项重要管理活动和常规教学与档案工作同步布置、同步落实、同步检查、同步考核。

第二，完善档案管理制度建设。俗话说"无规矩不成方圆"。规矩也就是规章制度，它保证了良好的秩序，是各项事业成功的重要保证，对于民办中学的档案管理工作也是如此。因此，以省、市各级档案局和教育局的业务规范为依据，结合民办中学实际情况，修订档案管理工作有关规章、标准和制度，提出相应的文件收集、整理和归档的责任要求，尤为重要。具体为制定学校文件与档案管理的岗位责任制、档案工作责任追究制度、档案管理应急预案、档案工作年度评估办法与考核体系等整体规章；制定文件归档制度、档案保管、鉴定销毁、统计、利用、保密等具体业务制度；制定学校各门类档案分类方案、文件归档范围和保管期限表、特殊载体档案管理规范等业务规范。

2. 吸引人才，加强专、兼职档案员的培养

与公办中学相比，民办中学虽然无法提供事业单位编制吸引高素质档案管理人才，但具有灵活的特点。民办中学可根据自身特点，为专、兼职档案

管理员制定多劳多得、与业绩考核挂钩的薪酬制度，如设立专、兼职档案员工作补贴和多等级的考核奖励；民办中学可与各级档案局沟通，推荐具备条件的档案管理员参加专业技术资格审定，解决其职称晋升和职业发展问题，鼓励专、兼职档案员到各级档案主管部门举办的短期培训班学习，邀请档案局专家到校开展档案工作监督指导；有条件的民办学校可派档案员到公办中学或校本部进行跟岗学习，例如广东实验中学合作创办的附属天河学校、顺德学校、南海学校等三所民办学校在创办之初，均多次派遣专职档案员到校本部综合档案室进行跟岗学习。三所分校的档案员通过跟岗，掌握了中学档案工作从制度搭建、具体业务到库房建设的全流程管理技能，均能独立开展档案管理工作。经过经验和知识转移，目前这三所民办学校的档案管理工作已初具成效。

3. 重视软、硬件投入，推进档案信息化建设

档案是一笔重要的信息财富，安全重于泰山。民办中学应具备前瞻眼光，投入一定资金，按照档案库房"八防"（防盗、防光、防高温、防火、防潮、防尘、防鼠、防虫）的要求，建设标准化档案库房。档案库房必须至少满足本单位未来15~20年的档案保管需求，合理布局，做到办公、阅览、库房三分开。此外，有条件的民办中学可购买网络版的档案管理系统，与本单位 OA 系统进行对接，初步实现文档一体化管理，开展档案目录及传统载体档案数字化工作；制定电子档案管理制度和档案管理系统操作制度，开展电子档案的保管与利用工作，为全校教职工设置相应权限的档案查询利用账户，开展档案利用网络化服务。

第五章　民办教育发展展望

第一节　我国民办教育发展的政策支持

一、目前关于民办教育的指导性文件

目前指导我国民办教育发展的法律政策文件主要有：2016 年 11 月修订的《民办教育促进法》；《关于加强民办学校党的建设工作的意见（试行）》（中办发〔2016〕78 号）；《关于鼓励社会力量兴办教育促进民办教育健康发展的若干意见》（国发〔2016〕81 号）；《关于印发〈民办学校分类登记实施细则〉的通知》（教发〔2016〕19 号）；《关于〈营利性民办学校监督管理实施细则〉的通知》（教发〔2016〕20 号）。由此，一部《民办教育促进法》和四个配套文件构成了新时期我国民办教育的基本政策体系，成为新时期教育制度改革的有力法律武器。特别是《民办教育促进法》的修改对推进教育供给侧改革至关重要。

2017 年 8 月 31 日，在《民办教育促进法》正式施行前夕，工商总局联合教育部下发《教育部关于营利性民办学校名称登记管理有关工作的通知》，对营利性民办学校的名称登记进行了详细的规范管理。

2017 年正式施行的《民办教育促进法》，主要做了以下方面的修改：

第一，规定民办学校的举办者可以自主选择设立非营利性或者营利性民办学校，但是不得设立实施义务教育的营利性民办学校。非营利性民办学校的举办者不得取得办学收益，学校的办学结余全部用于办学。营利性民办学校的举办者可以取得办学收益，学校的办学结余依照公司法等有关法律、行政法规的规定处理。

第二，民办学校应当设立学校理事会、董事会或者其他形式的决策机构

并建立相应的监督机制。民办学校的举办者根据学校章程规定的权限和程序参与学校的办学和管理。

第三，民办学校应当依法保障教职工的工资、福利待遇和其他合法权益，并为教职工缴纳社会保险费。国家鼓励民办学校按照国家规定为教职工办理补充养老保险。

第四，民办学校收取费用的项目和标准根据办学成本、市场需求等因素确定，向社会公示，并接受有关主管部门的监督。民办学校收取的费用应当主要用于教育教学活动、改善办学条件和保障教职工待遇。

第五，县级以上各级人民政府可以采取购买服务、助学贷款、奖助学金和出租、转让闲置的国有资产等措施对民办学校予以扶持；对非营利性民办学校还可以采取政府补贴、基金奖励、捐资激励等扶持措施。

第六，民办学校享受国家规定的税收优惠政策。其中，非营利性民办学校享受与公办学校同等的税收优惠政策。

第七，新建、扩建非营利性民办学校，人民政府应当按照与公办学校同等的原则，以划拨等方式给予用地优惠。新建、扩建营利性民办学校，人民政府应当按照国家规定供给土地。

从政策变化上可以看出，《民办教育促进法》的重要变化体现在税收优惠、用地政策、学费定价、收益及办学奖励、退出机制、过渡期设置等方面实施差异化扶持政策。

税收优惠方面，针对营利性与非营利性民办学校实施税收优惠差别政策。整体而言，税收优惠方面主要涉及所得税、商品增值税、土地相关税费等，针对营利性和非营利性学校实行了明显的差别优惠政策。具体在各项的税收项目上各省市依照自身的具体情况进行了不同的界定。所得税优惠方面，辽宁、河北、江苏均提及对非营利性民办学校免征所得税，江苏、河北提及对营利性民办学校参照高新技术企业税收优惠政策按照 15% 收取。商品增值税方面，河北及江苏均提及对学历类教育免征增值税，包括幼儿园等。土地相关税费方面，河北、吉林、湖南明确对教育类用途的土地、房产免征增值税。

用地政策方面，按科教用地管理。整体而言，民办学校建设用地按科教用地管理，强调非营利性民办学校用地的无偿性和营利性民办学校用地的有偿性。非营利性民办学校享受公办学校同等政策，按划拨等方式供应土地。

营利性民办学校按国家相应的政策供给土地，只有一个意向用地者的，可按协议方式供地。

学费定价方面，营利性学校实行市场调节价，非营利学校强调"自主＋备案"。其中辽宁省对中小学学历教育收费实行政府定价。同时鼓励营利性学校自主定价，收费标准与办学成本需要向社会公示并向有关部门备案。

收益及办学奖励方面，根据非营利性民办学校的性质，其举办者不能取得办学收益，办学结余全部用于办学。对于部分非营利性民办学校，可利用办学结余对学校出资人进行奖励。营利性民办学校按照企业机制获取利润。

退出机制方面，明确对非营利民办学校的退出补偿机制。从总体上看，各省市主要明确了对非营利性学校办学终止时的补偿机制，具体的新老划分日期确定为 2016 年 11 月 7 日。非营利性民办学校终止时，政府将对清偿后的财产进行一定补偿，剩余财产继续用于其他非营利性办学；营利性民办学校的剩余财产依据《中华人民共和国公司法》（以下简称《公司法》）进行处理，未提及补偿机制。其中，通过捐资举办的民办学校终止时，在清偿后剩余财产用于教育等社会事业。

过渡期设置方面，各省份过渡期 3 年至 10 年不等，存量学校清算为首要任务。整体而言，分类管理难以一蹴而就，各省份都为政策的平稳实施而设立了相应的过渡期。在过渡期间主要还是面向对存量民办学校的划分管理，包括具体的土地出让金补交、终止办学的退出补偿等。

差异化扶持政策推进将循序渐进。整体而言，国家部委级配套政策在有序推进中逐渐深入细化。2016 年 11 月《民办教育促进法》修订案三审后，监管层有序地推进各项配套政策的出台。2017 年 1 月 18 日，国务院印发《关于鼓励社会力量兴办教育促进民办教育健康发展的若干意见》，教育部等印发《关于印发〈民办学校分类登记实施细则〉的通知》《关于印发〈营利性民办学校监督管理实施细则〉的通知》，对民办教育改革发展作出全面部署。

二、民办教育政策存在的问题

《民办教育促进法》在具体制度设计上仍存在一些不够完善的地方，值得我们予以重视：

第一，非营利性规定问题。《民办教育促进法》规定：对民办学校进行营利性和非营利性分类管理，义务教育阶段禁止设立营利性学校，两种性质的民办学校享受不同的财政、税收、土地、学费定价、办学奖励等配套政策优惠。同时规定："民办学校的举办者可以自主选择设立非营利性或者营利性民办学校，但是不得设立实施义务教育的营利性民办学校。"

到目前为止，国家出台的相关法律、法规里只有对营利性学校的监管办法，即《营利性民办学校监督管理实施细则》。但对非营利性学校的监督管理依然十分紧迫。在实践中，容易出现举办者通过控制学校，进行关联交易就可以获得经济回报的问题，如收取高额的管理费、学校举办后勤公司营利等。我国《公司法》允许在信息披露、利益相关者回避等前提下实行关联交易，非营利性学校可以在法律允许范围内获取经济利益。此外，非营利性民办高校还可以通过协议控制获得经济回报，以后勤管理、土地校舍租用等各种途径将办学利润转移到办学者控制的实体，达到获取利益的目的。因此，民办学校是否会选择成为营利性学校很难预料，营利性与非营利性在这样的情况下没有本质的区别。一旦没有学校愿意成为营利性学校，那么分类管理形同虚设。由于对"非营利性"进行限制的具体制度的缺失，国家财政在向非营利性学校提供财政补贴、基金奖励、税收减免、土地减免等各种优惠政策时，可能会因此造成国有资产流失。而且，在这种情况下，非营利性学校一方面获取了经济收益，另一方面又享受了各种政策优惠。这对于其他领域而言是不公平的。

第二，一贯学制学校变更问题。《民办教育促进法》规定：义务教育阶段的民办学校只能选择成为非营利性民办学校、民办幼儿园，高中和高校则可以选择成为非营利性民办学校或营利性民办学校。在现实中，拥有强大办学实力的民办学校通常实行从幼儿园到高中的一贯学制。一贯学制也有诸多优点，它能弥补分散办学的不足，可以集中办学优势，合理利用教育资源，减少重复投资。

但是，如果一贯制民办学校在《民办教育促进法》出台后申请变更为营利性的民办学校就存在一定的困境，因为一贯制学校涉及非义务教育阶段和义务教育两个阶段。对于这种一贯学制的民办学校如何申请变更并没有出台相关规定，这不利于快速推进新法的落地实施，也不利于对这些学校的管理和监督。

第三，法人登记问题。法律修改没有涉及民办学校的法人登记问题。从《民办教育促进法》出台至今，还没有对民办学校的法人属性进行过明确的统一规定。根据国务院颁发的《民办非企业单位登记管理暂行条例》和民政部发布的《民办非企业单位登记管理办法》，民办学校可以定位为民办非企业。在《民办学校分类登记实施细则》中对于民办学校分类进行何种登记也有所涉及，其中规定了正式批准设立的非营利性民办学校，符合《民办非企业单位登记管理暂行条例》等民办非企业单位登记管理有关规定的到民政部门可以登记为民办非企业单位。而《民法总则》规定法人分为营利法人、非营利法人和特别法人。营利法人包括有限责任公司、股份有限公司和他企业法人等，非营利法人包括事业单位、社会团体、基金会、社会服务机构等。民办学校只能在营利法人中的企业法人和非营利法人中的事业单位法人、社会团体法人三类中找到自己的定位。

而地方性详细落地政策的推进速度较为缓慢，短期可操作性较弱。截至2017年9月1日，仅有辽宁、吉林、湖南、河北、江苏等5个省市披露相对详细的相关政策法规条令，大部分省份仍处于政策学习或表示积极推进中的状态。

总体来看，《民办教育促进法》为今后民办教育的发展指出了明确的方向，后续地方政府会出台相关的配套措施以支持民办教育的发展，但还要看具体配套政策的落实。

第二节　我国民办教育的发展趋势、政策调整

一、我国民办教育的发展趋势

新政策的实施必将给我国民办教育的发展带来巨大变化，我们要关注民办教育的发展趋势：

1. 向科学化统筹、布局合理化发展

《民办教育促进法》对民办教育的发展作出了明确的规定，指明了未来的发展方向，进一步认识民办中小学教育在基础教育改革与发展中的意义与价

值，对中小学教育进行了科学预测和统筹规划，对引入国际课程的民办中小学规模和布局进行了合理布局，创建共享资源、各具特色的民办中小学，与公办中小学协同发展。

2. 由规模扩张转向提升质量：向特色化、优质化发展

我国民办教育经过几十年的快速发展，从规模上来看已经比较大，但质量还不够高，未来应引导和促进民办中小学向优质化和个性化发展，扶持民办中小学品牌发展，鼓励民办中小学在校园文化、教师队伍建设、特色课程、小班化教学和双语教学等方面进行积极探索，加强特色项目建设，朝着优质、特色民办中小学方向发展，为社会提供高水平教育服务，满足社会选择性教育需求。

3. 向政策、环境优化发展

国家虽然出台了《民办教育促进法》，但还需要地方政策的配套落地。今后还是要进一步完善民办中小学教师同等待遇政策和人事管理制度，保障民办中小学教师继续教育，提升民办中小学教师专业水平。完善民办中小学招生政策，构建统一的民办中小学招生平台，在硬件资源、教师队伍、教育教学等方面落实扶持政策，通过加大政府补贴、加强监督与服务，提升民办中小学教育教学质量，促进民办中小学教育发展。

4. 向规范化、制度化发展

推进民办中小学依法办学，依法治校，加强对民办中小学尤其是民办随迁子女学校的监督、管理、服务，规范学校办学行为，促进学校各项制度的完善，保障民办中小学规范运行，加大对民办随迁子女学校发展的扶持，提升民办中小学尤其是民办随迁子女学校办学水平，促进教育公平。

根据《民办教育促进法》规定，中学民办教育首先要对民办学校进行营利性和非营利性分类界定、管理，义务教育阶段禁止设立营利性学校。义务教育不设立营利性民办学校，不是国家限制民办教育，反之，国家要加大对非营利性民办学校的投入、扶持。对于非营利性民办义务教育，国家将纳其入财政拨款，给所有民办学校生均经费，税收减免，包括今后政府出土地、校舍，委托民办机构办学，以吸引有社会责任和教育情怀的企业、人士进入民办领域，以此鼓励民办学校办出特色。此前，国家已把义务教育民办学校纳入生均公用经费拨款范畴，今后，还应进一步将生均事业经费拨款也纳入其中。随着《民办教育促进法》的实施，政府将在民办学校用地、财政拨款、招生政策、教师职称晋升等方面加大支持力度。此外，类似企业出资成立民办教育基金会，由基金会举办学校的模式会在民办领域推广，所有政府拨款、学费收入、社会捐赠、办学积累进入基金会，公益性学校将成为企业的公益品牌。这将极大促进我国民办教育的发展。

二、我国民办教育政策调整

2018 年 8 月 10 日，国家司法部公布了《中华人民共和国民办教育促进法实施条例（修订草案）》（送审稿）（以下简称"送审稿"），进一步修订了2018 年 4 月 20 日教育部公布的《中华人民共和国民办教育促进法实施系列（修订草案）》（征求意见稿）（以下简称"征求意见稿"）。其主要做了以下几个方面的改变：

1. 重述民办学校外资准入限制

在民办学校的设立资格上，征求意见稿与送审稿第五条新增"在中国境内设立的外商投资企业以及外方为实际控制人的社会组织不得举办、参与举办或者实际控制实施义务教育的民办学校；举办其他类型民办学校的，应当符合国家有关外商投资的规定"。送审稿相对征求意见稿增加了"参与举办或者实际控制"这一表述，更加明确地表明了对外资投资义务教育民办学校的禁止态度。此处的"实际控制"可能包括以协议控制的形式对义务教育民办学校实施控制。

2. 严格限制公办学校举办民办学校

送审稿第七条增加"公办学校不得举办或者参与举办营利性民办学校。公办学校举办或者参与举办非营利性民办学校的，应当经主管部门批准，并不得利用国家财政性经费，不得影响公办学校教学活动，不得以品牌输出方式获得收益"。

送审稿与征求意见稿的此条规定改变了现行允许公办学校举办民办学校的原则，具体如下：

（1）完全禁止举办营利性民办学校。

（2）除其他关于独立性的要求外，增加要求——所举办的民办学校应具有独立的专任教师队伍。

（3）举办非营利性民办学校须经"双重"批准：现行条例规定公办学校参与举办民办学校，"应当经主管的教育行政部门或者劳动和社会保障行政部门按照国家规定的条件批准"。而征求意见稿与送审稿均规定应当经主管部门批准。此处"应当经主管部门批准"，不仅包括了新开办的学校的设立审批，而且增加了公办学校开办民办学校的审批程序。

送审稿相较征求意见稿增加如下要求，即"不得以品牌输出方式获得收益"。该项规定将加速以"校中校""借品牌"形式存在的独立学校、附属学校等脱钩改制，推动公办学校真正以先进的教学理念、技术、方法等参与举办民办学校。但是，从实践来看，公办学校举办或参与举办民办学校大多会涉及授权民办学校使用公办学校品牌、名称、字号等行为，这也是公办学校举办民办学校的优势所在。

3. 拓宽民办学校的融资渠道

送审稿与征求意见稿第九条一致，均删除了现行《实施条例》中"不得向社会公开募集资金举办民办学校"的表述，并明确"举办者可以依法募集资金举办营利性民办学校，所募集资金应当主要用于办学，并应当向审批机关报告募集资金使用情况，履行信息披露义务。民办学校及其举办者不得向学生、学生家长收取或者变相收取与入学关联的赞助费。

4. 有条件地允许变更举办者

送审稿第十一条规定"非营利性民办学校举办者变更的，应当签订变更协议，并不得从变更中获得收益；现有民办学校的举办者可以根据其依法享有的合法权益与继任举办者协议约定变更收益，但不得以牟利为目的，不得涉及学校的法人财产"。

该规定对非营利性民办学校的举办者变更沿用了征求意见稿的表述，允许变更但禁止从变更中获得收益；增加对现有学校举办者变更的规定，在允许变更的前提下，明确"不得以牟利为目的，不得涉及学校的法人财产"，然而，如何界定"牟利"可能还需要主管部门在实际监管中自由裁量。而对营利性民办学校举办者变更，则未予限制。我们理解，营利性民办学校举办者变更应不受不得获得收益的限制。

5. 规范民办学校的内部治理

送审稿对征求意见稿中关于民办学校的内部治理规范做了进一步修订，

主要包括：在第十九条明确了民办学校章程必备条款，对征求意见稿有所删减，将学校内设机构、教职工、学生权利义务相关内容删除；第二十六条，鼓励非营利性民办学校理事会、董事会或者其他形式决策机构中包括社会公众代表，根据需要设立独立理事或者董事，由"应当"变为"鼓励"，变更为非强制性要求；在第二十七条将民办学校应设立"监事机构"名称变更为"监督机构"，对其构成、职责及回避要求并未作实质变更。

6. 完善教学与招生管理

送审稿第二十九条对征求意见稿中的实施普通高中教育、义务教育的民办学校自主设置教学课程、使用境外教材的管理作出了下述修改：

（1）自主设置课程，由征求意见稿中可以"在国家课程之外自主开设有特色的课程"变更为"基于国家课程标准自主开设有特色的课程"，且需要向主管教育部门备案，加强了对自主设置课程的监管。

（2）使用境外教材的，较征求意见稿放宽了要求，由"省级人民政府教育行政部门批准"变更为"报省级人民政府教育行政部门备案"，放松了使用境外教材的监管。

送审稿第三十一条对征求意见稿中的民办学校的招生管理作出了进一步规定：

（1）明确学前教育、学历教育的民办学校应"与公办学校同期招生"。

（2）增加规定"有寄宿条件的"义务教育阶段的民办学校可以跨区域招生，"跨区域招生的比例和数量，应当向当地教育行政部门备案"。

送审稿在第六十一条专门增加了第二款，"各级人民政府及有关部门在对现有民办学校实施分类管理改革时，应当充分考虑有关历史和现实情况，保障受教育者、教职工和举办者的合法权益，确保民办学校分类管理改革平稳有序推进"。

《中华人民共和国民办教育促进法》修订时，对现有民办学校的分类管理改革并未设置硬性的过渡期，就是要为各地制定具体办法留出较为充分的时间，保证分类管理改革平稳有序推进。送审稿明确将此写入实施条例，也反映了现实中各类学校的分类管理改革存在的难度，尚待民办教育行业的各方协力推进。

《中华人民共和国民办教育促进法》的修改顺应民办教育行业的发展要

求，为民办教育机构分类改革绘制了蓝图。送审稿对其征求意见稿进行了进一步修订、细化、明确了规定，为民办教育行业的从业人员应对《中华人民共和国民办教育促进法》修改后带来的变化提供了相对具体的操作指引。这些政策的出台、实施，将对中学民办教育的发展产生巨大的影响。

三、珠三角地区民办教育发展机遇

珠三角地区本身对优质的中学民办教育需求量大。珠三角地区是粤港澳大湾区的核心地带，由香港、澳门两个特别行政区和广东省的广州、深圳、珠海、佛山、中山、惠州、东莞、肇庆、江门九市组成的城市群，是国家建设世界级城市群和参与全球竞争的重要空间载体。粤港澳将迎来改革开放后最大的发展机遇。

随着粤港澳大湾区建设的推进，人才集聚，特别是高端人才的集聚，对优质教育的渴望、子女的教育问题成为人们关注的焦点。如何解决突然集聚的人才的子女接受优质教育的问题显得越来越重要。而公办学校由于机制的问题，即使政府加大力度投入大量的资金、人力、物力，在短时间内也难以解决。但这为优质民办中学教育发展提供了一个很好的机遇。

因此，对珠三角地区优质民办中学教育的研究，有助于珠三角地区民办中学教育的发展、有助于粤港澳大湾区建设的推进、有助于更好地促进民办中学教育的发展，同时，为全国其他地区的民办中学教育发展提供借鉴。

参考文献

［1］中华人民共和国民办教育促进法［Z］. 2002.

［2］关于修改《中华人民共和国民办教育促进法》的决定［Z］. 2016.

［3］余中根.《民办教育促进法》修正案的理解与思考［J］. 渭南师范学院学报，2017，32（7）.

［4］董圣足. 新政之下地方民办教育制度调适与创新的若干思考［J］. 浙江树人大学学报（人文社会科学），2017，17（2）.

［5］李连宁. 对《中华人民共和国民办教育促进法》修改决定的重要思考［J］. 教育与职业，2017（5）.

［6］何丹，赵思嘉. 论我国民办教育发展的法律困境及改善——基于《民办教育促进法》的新修改［J］. 法制与社会（教育文化版），2017，11（中）：185.

［7］张燕妮. 我国民办义务教育发展的困境与出路［J］. 教学与管理，2017（8）：31－34.

［8］顾明远. 新常态　新教育［J］. 新教师，2016（1）：5－7.

［9］陈平."新常态"如何为教育发展破解难题［J］. 江苏教育，2015（5）：77－80.

［10］《中国教育年鉴》编辑部. 中国教育年鉴2015［M］. 北京：人民教育出版社，2016.

［11］周海涛，钟秉林. 中国民办教育发展报告2013［M］. 北京：北京师范大学出版社，2015.

［12］张铁明. 广东民办教育发展的新创举及政策创新回顾（1979—2011年）［J］. 广东教育（综合版），2013（12）：39－42.

［13］吴霓，明航. 浙江、广东两省民办教育的调研报告［J］. 民办教育研究，2007（1）：35－41.

［14］吴霓．我国民办教育发展的现状特点、问题及未来趋势——基于统计数据和政策文本的比较分析［J］．教育科学研究，2015（2）：32－37．

［15］谢华．中外民办教育政策比较研究［D］．桂林：广西师范大学，2003．

［16］毛微．探讨广东省民办学校教师的法律地位［D］．广州：暨南大学，2011．

［17］翁伟斌．民办学校特色建设发展思路探析［J］．中国教育学刊，2015（12）：70－74．

［18］中共中央、国务院关于印发《中国教育改革和发展纲要》的通知［EB/OL］．（1993－02－13）［2015－10－14］．http：//www.chinalawedu.com/news/1200/22598/22615/－22793/2006/3/he－799931545973600219074－0.html.

［19］陈翠荣．浅析特色学校建设的误区［J］．教育发展研究，2009（18）：77－79．

［20］高洪源．如何创办特色学校（上）［J］．中小学管理，2000（4）：24－25．

［21］刘复兴．中小学创办特色学校的策略与选择［J］．当代教育科学，2003（7）：26－28．

［22］赵敏，韩绮芸．民办特色学校建设的几个基本问题［J］．教育导刊，2014（10）．

［23］张振．人类六万年［M］．合肥：安徽人民出版社，2013．

［24］徐绪卿．新时期中国民办高等教育理论研究［M］．杭州：浙江大学出版社，2010．

［25］浙江省民办教育发展报告：2004—2010年［M］．杭州：浙江大学出版社，2010．

［26］姚遥．民办中小学班主任工作改革策略研究［D］．长沙：湖南师范大学，2013：1－25．

［27］邹爱英．用爱拨动心灵的琴弦——谈民办"贵州学校"的班级管理［J］．教师，2013（3）：49－50．

［28］郭毅．班级管理学［M］．北京：人民教育出版社，2002：15－35．

［29］齐玺．初中化学教师职业认同比较研究——以贵州省部分地区为例［D］．贵阳：贵州师范大学，2015.

［30］林典江．加强民办中学教师队伍建设的思考［J］．教师教育研究，2008（1）：93－95.

［31］刘长江，王国香．中学教师职业倦怠的状况分析［J］．沈阳师范大学学报，2004（6）：118－121.

［32］李清刚．五个国家中心城市2010年民办教育状况的统计分析［J］．教育导刊，2012（2）：20－23.

［33］洪英．民办中学教师生存现状的成因及对策探寻［J］．长春理工大学学报，2012（10）：18－19.

［34］胡卫，方建锋．民办学校分类管理框架下上海公立转制学校深化改革政策评估［J］．上海教育评估研究，2012（1）：6－10.

［35］徐长发．关于民办教育发展策略的思考［J］．教育研究，2000，21（10）：3－8.

［36］刘莉．农民工子弟学校合理性分析及政策建议［J］．法制与社会，2007（10）：617－618.

［37］宋虎珍．"贵族学校"对公办"基础教育"的冲击及应对对策［J］．教学与管理，2012（6）：31－32.

［38］教育部临时党组．关于克服中小学负担过重和提高教学质量的报告［EB/OL］．（2009－08－19）［2019－05－30］．http：//www. jyb. cn/china/zh-bd/200908/t20090819_303727. html.

［39］迟永慧．我国高等学校投融资改革研究［D］．北京：对外经济贸易大学，2016.

［40］中华人民共和国民办教育促进法实施条例（修订草案）［Z］．2018.

［41］深化粤港澳合作　推进大湾区建设框架协议［Z］．2017.

后　记

　　2004 年因学校工作安排，我作为学校三人小组（筹办民办学校小组）之一，参与广东实验中学附属天河学校的研究、论证、商谈、谈判、签约、筹建工作，对民办学校有了一定的了解。随后又作为工作小组组长和谈判小组组长参与广东实验中学顺德学校和广东实验中学南海学校两所民办学校的办学可行性研究、论证、商谈、谈判、签约、筹建工作，并于 2010 年 1 月 23 日—2012 年 9 月 1 日任南海学校第一任常务副校长和支部书记。到广东实验中学南海学校工作时，对如何办民办学校，我已形成一整套办学思路，从学校建设到招生招聘、建章立制、校园文化的形成、学生综合素质发展、学校特色打造等工作，我都依规依法、亲力亲为。

　　学校创办初期，依托广东实验中学这个大平台，起点高，视野宽，机会多。广东实验中学南海学校开办第一年，初一级的石彪、谭毅滢同学就荣获广东省天文奥林匹克竞赛一等奖，还代表广东省中学生到北京参加全国中学生天文奥林匹克竞赛决赛；罗丽莎、赵雅旨两位同学荣获全国华罗庚杯数学竞赛一等奖。随着学校快速发展，广东实验中学南海学校被评为广东省"十佳民办学校"，被教育部基础二司授予全国"和谐校园"先进单位，被广东省综治办、广东省教育厅、广东省公安厅授予"广东省安全文明校园"称号，被佛山市评为优质学校和德育示范学校。

　　我在负责南海学校工作期间，接触了不少民办学校校长、老师、学生、家长，在跟他们的交流中，我对民办教育发展的前景、问题、困境等有了进一步的认识。同时作为广东省人民政府督学、教育部中小学督导评估专家，我参与了全国包括广东省不少民办学校的教育评估和督导工作，对民办教育有了较多的体会、经验、思考、研究，并琢磨着能否开展这方面的研究。

　　我国民办教育经过四十年的发展，取得了很大进步。2014 年我国经济社会发展进入新常态，民办教育也进入了新的发展阶段。广东省作为我国改革开放的前沿阵地，民办教育发展迅速。在此背景下，2015 年我们申请了广东省教育科学"十二五"规划重点课题《新常态下广东中学民办教育发展研究——以珠三角地区优质民办中学为例》（课题批准号 2015ZQJK036），课题组的成员大部分有民办学校的教育管理经验。课题立项以后，课题组成员对民办教育研究现状、民办教育的发展现状以及民办学校的管理机制进行了系统研究，并对珠三角地区 9 个地级市的部分优质民办中学教师做了详细的问卷调查和访谈。通过调查了解了当前民办学校教师基本情况和教师在民办学校工作的感受。通过数据分析，发现了当前民办学校存在的问题：工作量大、工资收入偏低，学习进修机会少，评职称难，对学校发展愿景了解不多，对职业自豪感不强。针对这些问题，我们提出了相应的对策。通过研究发现，民办学校在特色方面存在诸多问题：对学校特色发展缺乏系统思考；对特色课程的开发缺乏重视与坚持；对特色师资队伍的打造缺乏力度；对高质量的特色学生培养缺乏设计与耐心；对特色发展的相对性缺乏认真审视。针对民办学校在特色建设方面存在的问题和当前社会对民办学校发展的期待，我们提出了民办学校特色建设的发展思路，供民办学校在特色发展方面借鉴。我们也着重从学校组织和构成上进行了民办学校机制建设的探索，包括教师队伍建设、年级组建设、班级管理模式建设、学科组建设、后勤管理建设、档案管理工作等方面。

本课题立项不久，刚好我国民办教育修正法及配套政策制定开始提速（2015 年以来），2016 年 11 月 7 日《中华人民共和国民办教育促进法（修订案）》诞生。2017 年 8 月 31 日，在《中华人民共和国民办教育促进法（修订案）》正式施行前夕，工商总局联合教育部下发《教育部关于营利性民办学校名称登记管理有关工作的通知》，对营利性民办学校的名称登记进行了详细的规范管理。2017 年 9 月 1 日，《中华人民共和国民办教育促进法（修订案）》正式施行。这段时期，社会各界对民办教育如何发展的争论比较多，教育行政部门和民办教育的社会团体也组织一系列会议和论坛，各抒己见，以达到统一认识。据此，课题组派出相关人员参加一系列会议和论坛，了解民办教育发展的新动向。课题组成员一起探讨、争论，不断调整自己的研究内容。

在课题研究过程中，感谢课题组成员积极参与，感谢华南师范大学童宏保教授和广东实验中学课程中心主任曹雁博士在本课题立项和开题工作中做了具体的指导，感谢广东省教育厅教科院民办教育研究室副主任李文章博士、广东省教育厅教科院评估中心副主任许世红研究员、原广州市教育局教研室主任正高级教师黄宪、广州市教育局教科院副院长傅荣研究员、华南师范大学邝丽湛教授等给予的指导和帮助，感谢教育部中学校长培训中心副主任刘莉莉博士为本书作序，感谢我的研究生方城、林晓红、蔡光辉、罗可飞做的资料搜集工作。

在书稿即将成文时，适逢中美贸易争端，对民办教育投资者造成一定影响。2018 年 8 月 10 日，国家司法部公布了《中华人民共和国民办教育促进法实施条例（修订草案）》（送审稿），进一步修订了 2018 年 4 月 20 日教育部公布的《中华人民共和国民办教育促进法实施条例（修订草案）》（征求意见稿），同时继续向社会公开征求意见。2019 年 2 月 18 日，国务院颁布了《粤港澳大湾区规划纲要》，国家加快粤港澳大湾区建议，为广东民办教育发展提供了极好的机遇。

这必将对我国民办教育未来的发展产生重大影响，我们也会密切关注，并做进一步的研究。

由于时间和能力有限，书中难免存在缺陷和不足，敬请批评指正。

黄建伟

于广东实验中学

2019 年 3 月 26 日